JN437683

만화로 읽는

세계제국 로마사

팔라티노 언덕의 나라 유럽의 중심에 서다

만화로 읽는

세계제국 로마사

팔라티노 언덕의 나라 유럽의 중심에 서다

| 김희석 글 그림 |

써네스트

편집부의 글

로마의 역사 1000년을 살펴보다

유럽 문명에서 로마가 차지하는 위치는 일일이 말로 설명을 하지 않더라도 많이 알고 있다. 간단하게 예를 들어서 지금 유럽 대부분의 국가들이 쓰고 있는 언어에 영향을 준 라틴어가 로마 제국의 언어였다는 것 하나 만으로 그 영향을 충분히 이해할 수 있을 것이다.

유럽 사람들에게 로마의 역사는 우리에게는 삼국시대의 역사와 같은 것이다. 만약 삼국시대의 고구려, 백제, 신라가 없었다면 지금의 대한민국이 어떻게 변했을 지 아무도 모르듯이 유럽에서 로마가 없었다면 현재의 유럽이 어떻게 변했을지 상상이 가지 않을 것이다. 그만큼 로마는 유럽사에서 중요한 위치를 차지하고 있다. 그러나 로마 역사의 방대함으로 인해서 접근하기가 쉽지 않았다.

이 책은 방대한 로마의 역사를 그 핵심적인 내용들로 구성하여서 알기 쉽게 이해할 수 있도록 만들었다. 책을 따라서 쭉 읽다 보면 로마사가 어떻게 시작했고 어떻게 끝이 났는지 그리고 그 역사 속에 어떠한 인물들이 있었는지 누구나 쉽게 기억할 수 있도록 만들었다.

로마의 역사는 일반적으로 로마 왕정기, 공화정기 그리고 제정기 3시기로 나눈다. 하지만 이 책은 로마시대에 일어난 전쟁을 기준으로 해서 총 4개의 장으로 로마의 역사를 서술하였다.

각 장은 몇 개의 절로 나뉘어져 있고, 각 절의 끝에는 꼭 알아야 할 세계사 상식이나, 당시 로마시민들의 생활 모습 그리고 중요한 인물들에 대한 사진 자료들을 포함한 정보 페이지를 만들어서 이해력을 도울 수 있도록 하였다.

역사라는 특성이 갖고 있는 딱딱한 내용을 만화로 쉽게 접근할 수 있도록 만들었으니 역사에 흥미를 주기 위한 처음 접하는 역사책으로도 손색이 없을 것이라고 자부한다.

앞으로 저자와 계속해서 세계사 만화를 만드는 것을 목표로 하고 있다. 그 목표가 이루어지기 위해서 독자 여러분들의 적극적인 관심을 부탁한다.

2014년 10월

세계제국
로마사

CONTENTS

차 례

제3장 | 로마 제정 시대로 가는 길

제4장 | 로마 제국의 번영과 멸망

등장인물

미로

로마로 역사 여행을 떠나는 우리의 주인공. 여행을 떠나기 전 예습을 많이 한 덕에 그리스와 로마의 역사를 안내해주는 가이드를 하게 된다.

솔

미로의 여자친구. 미로와 함께 로마 역사 여행을 떠난다. 모르는 게 많지만 궁금한 것도 많아서 우리 친구들이 궁금해 하는 것들을 미로와 함께 하나씩 알아볼 수 있도록 길잡이를 해준다.

제 1 장
로마의 기원과 발전

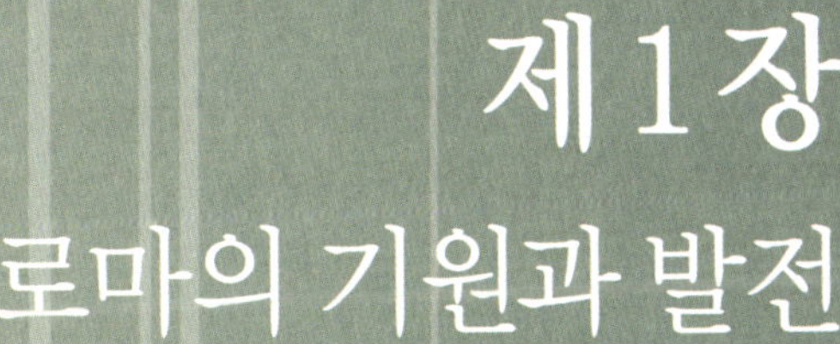

1장을 읽기 전에

지중해를 둘러싼 지역은 아주 오래전부터 사람들이 살기에 좋은 조건을 가지고있었다. 세계 4대 문명 중의 하나인 이집트문명이 바로 이 지중해에서 멀지 않다는 것도 그것을 증명한다. 그리고 유럽 문명의 기원이라고 하는 그리스의 역사가 바로 이곳에서 만들어진다. 일반적으로 고대그리스라고 하면 기원전 1100년부터 기원전 146년까지로 보고 있다. 이 시기에 그리스는 우리가 잘 알고 있는 도시국가인 폴리스들이 만들어졌으며, 그들의 동맹이 이루어짐으로써 국가로서의 모습을 갖게 된다. 하지만 그리스는 여전히 하나의 나라라기 보다는 도시국가들이 동맹을 하고 있는 형태였다. 이들 도시 국가들 중 세력을 키운 나라들이 생기게 된다. 그중 대표적인 도시국가가 바로 스파르타와 아테나이이다. 두 도시국가는 펠로폰네소스 전쟁을 치르게 되는데 여기서 스파르타 주도의 펠로폰네소스 동맹이 아테네나이 주도의 델로스 동맹을 이기게 된다. 그래서 아테나이가 주도하던 그리스는 스파르타가 주도하게 되었지만 스파르타는 테바이라는 새로운 강적을 만나게 되고 테바이가 기원전 400년부터 기원전 340년까지 그리스의 주도권을 갖게 된다. 그리고 그 다음을 이어서 마케도니아 왕국이 기원전 340년에서 기원전 300년까지 그리스의 주도권을 갖게 된다. 바로 이 마케도니아 왕국의 알렉산드로스 황제가 세계에서 가장 큰 제국을 건설했던 인물이다. 하지만 알렉산드로스 황제의 사후 빠르게 마케도니아가 쇠퇴하게 되고 제국을 재패할 새로운 국가가 나타나게 된다. 그것이 바로 기원전 1000년경에 이탈리아 반도에 건국을 하였다는 로마인 것이다.

제1장 로마의 기원과 발전

로마는 일찍이 에트루리아로부터 영향을 받으며 정치, 문화, 사회 전반에 걸쳐 급속한 발전을 이룩했지.

이곳이 로마 공화국이 위치한 이탈리아 반도야.

에트루리아
로마
타렌툼
레기움
시칠리아

에트루리아
그리스 식민지

지중해의 한 가운데에 자리 잡고 있어.

1. 로마의 기원

안녕~ 난 신화 속에 나오는 로물루스란다.

로마를 건국한 전설 속 인물이지.

로마는 7개의 작은 언덕위에 세워졌어.

이들은 동방에서 이주한 민족으로 무역에 능통하고 발전된 건축술과 문물로 세력을 강력하게 유지하고 있었지.

이탈리아 반도 중심에는 라틴인이 자리했는데
이들은 에트루리아인의 통치를 받았고
그리스인
에트루리아인
페니키아인
라틴인

훗날 라틴인은 이탈리아 반도를 통치하는 세력으로 성장하여

로마공화국을 만들어
SPQR

에트루리아와 그리스 문화의 영향 속에서 발전을 이루어내지.

여기서 잠깐
로마 건국 신화에 대해서 알아볼까!
흥! 녀희들 모르지.
나도 한 몫을 한 사실을...
기원전 8세기경 '알바 롱가' 란 도시에 라틴인들의 신전이 하나 있었는데
이곳의 여사제 레아 실비아와 전쟁의 신 마르스 사이에 쌍둥이가 태어났지.
와~ 신과 인간의 아름다운 사랑 이야기구나!
그런데 문제가 하나 있어
뭔데 ...?
실비아는 원래 그 나라의 공주였어.
숙부인 지금의 왕이 공주의 아버지 자리를 빼앗고 왕이 되었던 거야.
후손을 가지지 못하게 공주를 여사제로...
으앙~
싫어!

왕은 후환이 두려워
쌍둥이를 테베레 강에 버려라!

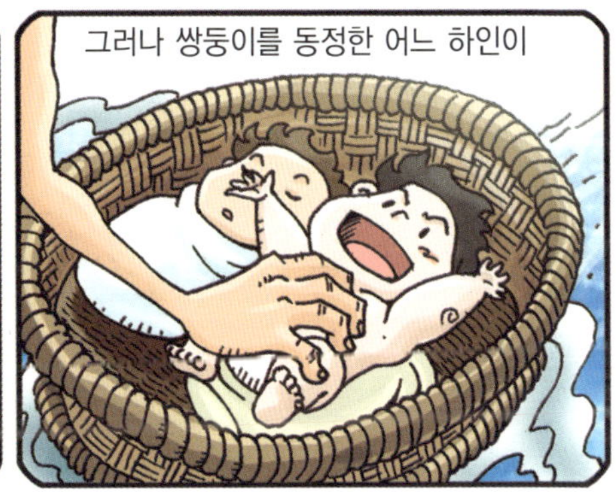
그러나 쌍둥이를 동정한 어느 하인이

바구니에 쌍둥이를 담아 강으로 흘러 보냈지.

바구니는 어느 언덕의 기슭까지 떠내려갔고

근처를 지나던 늑대가 이를 발견하고
쌍둥이를 거두었는데
응애 응애
엉?

그 후로 쌍둥이들은 늑대의 젖을 먹고 자라났지.

그래서 로마의 상징이 암 늑대와 젖을 먹는 쌍둥이 인거야!

그때 였어, 하늘에서
독수리 떼가 날아와서
형제의 머리 위를
맴돌다 사라졌는데

오옷!

독수리
떼다!

형제는 독수리들의 의미를 두고 또다시 싸웠지.
난 12마리. 넌 6마리. 이것이 신의 뜻이다.
무슨 뜻?

내가 새 도시를 건설하면 1200년 동안 번창할 것이고,
네가 건설하면 600년 안에 망할 거라는 계시지!
말도 안돼! 누구 맘대로!
어쭈~ 신의 뜻을 거부하겠다 이거지!

로물루스는 다툼 끝에 레무스를 죽이고 말았지.
미안하다, 아우야.
이 모든 것이 신의 뜻이리라…

로물루스는 옛날 쌍둥이 형제가 탄 바구니가 멈춘 팔라티노 언덕에

새로운 도시를 건설하고 자신의 이름을 따서 로마라 하였지.
이곳을 로마라 부르리~

로마의 건국은
잔인한 형제의
다툼에서부터
시작 되었군.

이 이야기는 로마의
한 역사가에 의해
쓰여진 전설이고
실제로는 로마의
초기역사에
대해서 거의
알려진 바가
없단다.

다만 좀 더 실제적인 이야기로 로마는 기원전
1000년 무렵 일곱 개의 나지막한 언덕 위에
농촌 마을이 만들어 지면서 시작 되었어.
퀴리날레
비미날레
카피톨리스
에스킬리노
팔라티노
테베레강
카일리오
아벤티노

팔라티노 언덕에 마을을 형성한 라틴족을 로마
인의 조상으로 보고 있는데
우리 부족은
여자가 부족해.
이러다간
부족의 씨가
말라버릴
거야!

이들이 어느 날 퀴리날레 언덕에 살고
있던 사비니 족의 여인들을 납치해가자

부족 간에 전쟁이 일어났지.
내딸을
돌려줘~
내
동생을
내놔라!

와아..
와
전쟁이다!

이때 한 무리의 여인들이 나서서 전쟁을 말렸는데
뭔소리?
싸우지 마세요!
아버지, 오빠 이들은 친절하고 잘생긴 대장부들이에요.
우리는 이들과 헤어지기를 원치 않아요.

어떻게 된 영문이지?
글쎄요.

이로써 사이가 좋아진 두 부족은 서로 협력하여 로마를 건국하지.
와~
와
와아

전설에 따르면 로마는 기원전 753년에 건국되었고 로물로스를 시작으로

7명의 왕이 초기 로마 왕정시대를 이끌었어.

이들은 모두 민회에서 선출되었어. 즉, 왕의 자리를 세습하지 않았다는 것이지.

먼저 에트루리아 사람들은 로마 사람들에게
알파벳을 전해 주었고
ABCDEFTIBA
그리스 문자를 바탕으로 라틴어를 만들었지.

오늘날 서양식 이름의 뿌리인 로마식 이름은 에트루리아의 전통에 따른 것이야.

또한 건축술에도 크게 영향을 받았는데
특히 아치 같은 새로운 건축술을 도입하여 로마 건축을 대표하는 방식으로 자리 잡았지.

현제까지 남아 있는 아치형 건축물로 수도교를 들 수 있는데
한창 때 로마 시에는 이런 수도시설이 10개나 되어 언제나 신선한 물을 도시로 공급해 주었지.
사람이 지나는 도로
물이 흐르는 수로

로마 왕정 시대에 북쪽의 에트루리아는 강력한 힘을 가진 이웃이었는데

기원전 575년부터 60여 년 간 에트루리아
출신의 왕이 로마를 다스렸지.

에스투리아
출신의
왕들은

초가집의 작은 마을 로마를

성벽과 도로를 갖춘 도시로 발전시켰지.

에트루리아 출신 왕은 에트루리아 문물을 빠르게 흡수하고 받아들였어.

또 원형 경기장인 콜로세움에서 벌어진

와아

와

와

검투사와 맹수들의 격투도 에트루리아 인들의 영향을 받은 것이야.

깍~ 엄마야~

에트루리아 문화는
로마 사회 전체에 엄청난
영향을 끼치는데!
로마의 전시대를 통해
번졌던 향락과 유흥의
문화도 이들의 영향으로
에트루리아로부터
전해진 문화는 로마
흥망에 깊이 작용
했음을 알 수 있지.

로마의 마지막 왕인 거만한 타르퀴니우스는
나는
아무도 믿지
않는다!

원로원을 무시하고 백성을 탄압한 잔인한 군주였어.

기원전 509년 로마 백성은 반란을 일으켜 왕을 나라 밖으로
추방해 버렸지.
으앙

그 후로 로마 사람들은 이제 더 이상 왕의
지배를 인정하지 않았어.
로마에는
더 이상
왕이 필요없다!

로마의 기원
일곱 언덕이 세르비우스 성벽에 둘러싸여 있군.
로마는 기원전 753년에 세워졌어.
세르비우스성벽
퀴리날레
비미날레
카피톨리노
에스퀼리노
테레베강
광장
팔라티노
카일리오
아벤티노
아피아대로
아우렐리아누스성벽
로마 건국일인 기원전 753년 4월21일은 로마의 작가 바로(기원전 116-27)가 만들어 낸 날짜야!
실제 건국일은 훨씬 이전 일이지.
신의 뜻을 따라 새 도시가 들어설 터전을 닦자!
영차
영차
로물로스는 카피톨리노 언덕을 중심으로 암,수 소 한 쌍에 쟁기를 매어 해가 뜰 때부터 해가 질 때까지 골을 내었는데 골을 낸 선이 바로 새 도시인 로마가 들어설 경계가 되었지.

로물로스는 오랫동안 로마를 다스리다 어느 날 폭풍우 속으로 사라졌는데 로마인들은 그가 신이 되었다고 믿고 퀴리누스라는 이름의 신으로 숭배했다고 해.
안녕~
우르르 쾅쾅
난 떠나야 한다오…
제발 가지 마세요 이렇게 빌게요.
고대 로마의 조상 '아이네아스' -또다른 로마의 건국신화
트로이 왕자 아이네아스는 그리스와의 전쟁에서 패하고 불타는 도시를 빠져나오다 아내를 잃고 말았지. 아내의 영혼은 테레베 강이 흐르는 서쪽 땅으로 가라고 말했어. 그 후 4년간의 방황 끝에 카르타고 어느 해안에 난파당한 아이네아스는
그곳의 디도 여왕과 사랑에 빠져 떠나지 못했어. 하지만 그는 새 나라를 세우겠다는 일념으로 즉시 디도를 버리고 떠나는데 항해 끝에 다다른 곳이 테레베 강어귀였어. 그곳의 라티누스 왕의 딸 라비니아와 결혼하고 라비니움을 건설하는데 이것이 훗날 로마로 발전하게 되었다고 해.
넌 누구냐? 늑대냐, 인간이냐?
역사학자가 본 고대 로마의 기원
로마는 기원전 1000년 무렵 일곱 개의 나지막한 언덕위에 농촌 마을이 생기면서 시작되었지. 이후 300여 년의 세월이 흐를 무렵 마을들이 합쳐지면서 작은 도시가 되었고 이것이 오늘날 로마라고 부르는 도시로까지 이어진 거야.

이렇게 살았어요

팔라티노 언덕

팔라티노 언덕

로마의 일곱 언덕 중 가장 중심이 되는 언덕으로 로마시의 남쪽에 위치하고 있는 사각형 모양의 낮은 언덕이야. 로마시는 이곳을 시작으로 만들어졌는데 바로 이곳에서 선사시대 유물부터 황제의 생활을 보여주는 화려한 유물들이 많이 발견되었어. 로마 전설에 따르면 로물루스와 레무스가 갓난아기였을 때 이 언덕에 있는 동굴에 버려져 늑대의 젖을 먹고 자랐다가 한 목동이 발견해서 키운 뒤 로마를 세웠다고 해. 로마 공화정 시대에 이곳에 부유한 시민들이 집을 짓고 신전을 세웠고, 제국시대에는 귀족들이 모여 사는 지역이 되기도 했어.

세계사 상식

알파벳

알파벳이 언제부터 쓰였는지는 정확히 알 수 없어. 다만 기원전 1700~1500년경 지중해 동쪽 지역에서 생긴 북셈 문자가 최초의 알파벳이라는 설이 인정되고 있어. 기원전 1000년대말 북셈 문자는 다시 페니키아 문자를 거쳐 그리스 문자로 발달하게 된 것 같아. 수많은 외국인들이 그리스어를 좀 더 정확하게 발음하는 것을 돕기 위해 수정을 하면서 그리스어는 더욱 발달하게 되지. 이 그리스어를 통해 알파벳이 여러 알파벳으로 갈라져 여러 나라의 언어가 되었단다.

바위에 새겨져 있는 알파벳

꼭 기억해둘만한 인물

아이네아스

아이네아스는 고대 그리스 트로이 전쟁의 영웅이야. 로마 전설에 따르면 여신 아프로디테와 트로이 사람 안키세스의 아들이라 해. 트로이가 그리스 연합군에 의해 함락된 다음에 이탈리아 반도로 피신했다는데, 7년 동안 떠돌다가 라티움에 상륙했지. 아이네아스는 그곳을 다스리던 라티누스의 딸 라비니아와 결혼하고 그녀의 이름을 딴 도시 라비니움을 건설했어. 이것이 바로 로마제국의 건국이었다고 해. 다른 설에 따르면 아이네아스는 로물루스와 레무스의 자손이라는 신화도 있고, 그의 손자가 영국으로 가서 최초의 왕이 되었다는 이야기도 있어.

아이네아스_라티움에 도착한 아이네아스

2. 로마의 발전 - 공화정 시대

둥근 투구

공화정시대 로마군 병사의 복장이야.

쇠 비늘 갑옷

글라디우스 양날검

샌들

투창 : 사정거리 27m

옆으로 휘어진 사각 방패

독립

기원전 509년 로마를 중심으로 라틴인들이 그들을 지배하던 에트루리아인들을 몰아 내었지.

공화정이 뭐예요?

리비우스 (로마의 역사가)

2인 이상의 권력자가 나라를 다스리는 것을 일컫는 말이란다.

이때 로마의 귀족들은 공화정이라는 새로운 정부 형태를 창시하고

공 화 정

새 지도자를 뽑았는데

난 율리우스 브루투스다.

이제부터 로마는 귀족이 다스릴 것이다.

로마 시민은 귀족과 평민, 두 계급으로 나뉘었는데
태어날 때부터 어느 정도 신분은 정해져 있었지.
귀족
평민

귀족들은 부유한 재산과 권력을 가지고 법과 제도를 제멋대로 누렸지만
우리가 하는 일이 곧 법이지.
안 그런가?
그렇고 말고.

가난한 평민들의 삶은 평탄치 않았지.
돈을 빌려 갚지 못하면 평생 '빚의 굴레'를 져야 했어.
허덕
허덕

빚을 갚을 때까지 노예처럼 살아야 했어.
억울하면 귀족으로 태어나라고.
사는게 힘들어!!

귀족들의 정부는 이런 불공평한 관습을 모른 척했어.
흠!
정말 너무들 하네…
귀족들로만 구성된 원로원이 문제야.

기원전 494년 오랫동안 고통 받던 평민들은
우리는 귀족과 마찬가지로 세금을 내고
하물며 전쟁이 나면 맨 먼저 끌려 나가는데
어째서 모든 이익은 귀족들만 차지하는가!

로마가
귀족들만의
것이냐?
결국 로마를 떠나 자신들만의
민회를 구성하기에 이르렀지.
우리도 평민들
만의 국가를
세우자!
그럼 어디
잘먹고 잘살아라!

이것이
기원전
494년에
일어난
성산 사건으로
평민들은 로마에서
떨어진 성산에
새로운 국가를 만들
생각을 한 거지.

평민들이 짐을 싸서
로마를 떠나고 있어.

평민들은 민회를 '평민회'라 하였고
호민관이라는 관리를 뽑았지.
평민의
지도자야!
내 임무는
귀족의 횡포로
부터 평민의
권익을 보호
하는 것이다.

이쯤 되자 귀족들의 크게 당황했어.

로마 인구의 대다수가
평민인데 이들이
떠난다면 로마는
단숨에 망해
버릴 것이오.
맞아~ 적이
쳐들어오면 누가
나가 막을 수 있나!
평민의
의견을 들어
주도록 합시다.

이로써 평민들은 로마에서 호민관을 통해 원로원의 부당한 법을 거부 할 수 있게 되었지.
귀족
원로원
집정관 2인
입법권
평민
평민회
호민관 2인
거부권
이제! 평민들도 정치에 참여할 수 있겠네!!
아무렴.

더불어 귀족이 마음대로 법을 집행하는 관습을 막을 수 있게 되었는데!
기원전 450년 포룸 광장에 로마 법률을 새긴 12개의 구리판이 내걸렸지.
와글
와글

이것이 최초의 성문법으로 로마의 12표법이야.
12장의 청동에 새겨 광장에 내걸었는데! 12동판법 이라고도 하지.

평민의 권리가 점점 강해졌고

마침내 기원전 287년에는 로마법 아래 평민과 귀족은 평등한 대우를 받게 되었지.
평민회의 의결이 법이라는
호르텐시우스법이 제정 되었어.
와
와
와
와
아

귀족과 평민의 화합으로 로마의 국력은 더욱 강화되어 갔는데

때를 같이하여 로마는 에트루리아에 속하는 베이이족과 전쟁을 치르고 있었지.
쨍

베이이족의 수도는 크레메라 강 옆에 위치한 베이이시로 난공불락의 요새를 갖춘 도시였지.
절벽위에 세워진 저 성벽을 넘어 서야 했어.
제 아무리 로마 군대라 해도 점령하기 쉽지 않겠는 걸.

로마 군대는 11년 동안 포위작전을 펴며 끈질기게 공격하는데

마침내 요새로 통하는 비밀 통로가 발견 됐어.
베이이시가 함락되는 건 시간문제로군.
비밀 통로다!

기원전 396년 베이이를 점령한 로마는 거칠 것 없었지만
와~~~아

얼마 후인 기원전 390년에 로마는 뜻밖의 상대를 만났는데
엉? 저게 뭐야?

이들은 골족 또는 라틴어로 갈리아로 불렸는데 지금의 프랑스 지역에서 내려온 호전적인 민족이었지.

로마군은 아리아 강 부근에서 대패하고

카피톨리노 언덕으로 피신하지.
퇴각하라~!!

이때 로마군은 켈트족의 전투방식에 크게 당황했어.
저게 뭐지? 저런거 처음 본다.

켈트족은 수백 수천 명이 소리를 지르며 철제무기를 두드리고 요란스럽게 나팔을 불며 공격했기 때문에
와
우우...
와
캥캥..
뿌우앙
뿌앙

로마군은 겁에 질려버렸지.
옴마야
무섭다!

켈트족의 브렌누스는 약 7개월간 로마를 에워싸고 약탈을 했는데
로마를 초토화 시켜라~

결국 로마는 엄청난 배상금을 물고서야 켈트인들을 돌려보낼 수 있었지.
크하하하...
황금 1,000파운드를 내놔라!

켈트족이 떠나고 로마군대는 재정비 되었지.
이래서는 안 돼, 다 바꿔~

로마시를 둘러싼 높은 성벽도 쌓았어.
패배의 경험으로 로마군은 수비를 더욱 굳건히 했어.

기원전 360년 또다시 켈트족이 침입했지만
와
와
와아

달라진 로마군을 목격하고 물러나지.
와아
당하기전에 후퇴한다!
예전의 로마가 아니구나!

켈트족을 물리치고 기세가 오른 로마군은 여세를 몰아 이탈리아 주변 여러 나라를 점령해 나갔는데

기원전 338년에 이르러 로마는 라티움 지방과 에트루리아를 정복 했고

기원전 275년 로마는 드디어 이탈리이 반도 전체를 지배하기에 이르렀지.

이렇게 살았어요

공화정 시대의 노예제

노예시장

로마의 노예

로마 공화정 시대가 되면서 여러 민족들이 노예가 되었어. 그 노예들은 유럽, 지중해 지역으로 끌려와 노예생활을 하게 되었지. 그리스인, 유대인, 아랍인 등 다양한 민족의 노예들이 노동을 하고, 어떤 때는 검투사가 되기도 했어. 상류층에게 매를 맞고 굶주리던 노예들이 반란을 일으키기도 했는데, 그 중에서 스파르타쿠스가 일으킨 반란이 가장 거셌지. 로마 경제는 노예들이 없으면 쓰러질 정도로 노예에 기대고 있었어. 고대 로마의 인구 중에서 노예가 25% 이상을 차지할 정도였으니까. 로마의 건국에서 몰락까지 노예로 잡히거나 팔린 사람이 1억 명 이상이었다니 놀랍지 않아?

S.P.Q.R

세나누스 포플루스크 로마누스의 머리글자로 원로원과 시민을 뜻하는데 묘비명과 동전, 표장 등에서 볼 수 있지.

SPQR

에스 피 큐 아르 (S P Q R)

원어 발음인데…

비아 아피아 가도
아피아 가도 B.C312
아피아 가도 (B.C 312)
여기는 비아 아피아야 로마에서 처음으로 건설된 포장도로라 할 수 있지.
기원전 312년에 아피우스 클라우디우스에 의해 건설되었고, 로마와 카푸아 사이를 연결하는 도로였어.
'모든 길은 로마로 통한다'의 어원이 되는 길이기도 하지.
로마의 하수구 시설
도시의 길 밑에는 납으로 만든 관을 통해 깨끗한 물이 지나갔고 그아래로 각종오물을 흘러 보내는 하수구가 있었지.

제 2 장
포에니전쟁

2장을 읽기 전에

기원전 1000년 경에 세워진 로마는 그리스의 폴리스들이 위세를 떨치는 동안에는 변방의 작은 폴리스 중의 하나이다. 하지만 그리스 본토의 폴리스들이 서로간의 전쟁과 그 내부에서의 세력다툼으로 힘을 잃어가고 있을 때 로마는 발전하기 시작한다.

즉 로마의 발전은 그리스 폴리스들의 쇠퇴와 관련이 있다는 것을 알 수 있다.

비록 작은 반도에서 시작되어 처음에 그 힘이 미약하였지만 세력들을 규합하기 시작하였고, 그 규합된 세력들을 자신의 편으로 끌어들여서 점점 더 그 세력을 키워나갔던 것이다.

하지만 로마가 발전을 하고 있는 동안 지중해 연안에는 또 하나의 나라가 그 세력을 키웠고, 그리스 지역 전체에 막강한 힘을 발휘하고 있었다. 바로 카르타고였다.

지중해를 중심으로한 세계를 제패하기 위해서는 둘 중의 하나만 살아남아야 했다. 그렇게 두 세력의 충돌은 아주 치열했다. 살아남느냐 아니면 죽느냐 하는 절대절명의 전쟁이었던 것이죠. 그것이 바로 '포에니 전쟁'인 것이다.

제2장 포에니전쟁
지중해를 지배할 대제국을 건설하리라!
기원전 3세기 무렵 두 강대국이 지중해의 패권을 둘러싸고 충돌을 예고하고 있었으니
갈리아
에스파냐
로마
지중해
카르타고
북아프리카
로마인들은 카르타고를 로마의 심장을 노리는 창으로 생각했어.
두 강대국은 바로 지중해 최대의 제국 카르타고와 그들의 유일한 적 로마였지.
오직 하나의 승자만이 세상의 주인이 될 수 있고 패자는 영원히 저편으로 사라질 수밖에 없었는데
그 결과는 서양의 역사를 뒤바꾸어 놓았어.
로마제국이 세상의 지배자다!

1. 부와 욕망의 제국 카르타고

고대 카르타고는 어디쯤 있었는데?

오늘날 튀니지의 북쪽 끝에 있는 인구 200만의 수도 튀니스가 옛 카르타고가 있던 자리야.

튀니스
지중해
티레
북아프리카
이집트

권력에 대한 욕망과 허영으로
피폐해진 도시를 떠나면서
이야기는 시작되지.

그들이 모험을 계속해 지중해 너머 아프리카 북쪽 해
안에 다다랐는데

공주는 그곳의 지도자에게
도시를
지을 땅을
내게 주세요.
이 가죽으로
덮는 크기만큼의
땅을 주겠소.

이때 기지를 발휘한 공주는 가죽을 긴 끈으로 잘라내
그것을 이어 넓은 영토를 차지했어.

공주는 그곳에 새로운 도시를 건설하는데
훌륭한 요새의
조건을 갖춘 비르사
언덕 위에 새 도시를
건설하리라!

디도는 새로운 도시의 여왕이 되었고 그녀가 건설한 도시는 빠르게 성장하였지.

이 무렵 리비아 원주민의 왕이 디도의 미모에 반해 결혼을 신청하였지만
오우~

거절당하자 그녀를 너무 사랑한 왕은
노 땡큐!
허억~
why

그녀를 화장용 장작더미에 올려 태워버리지.
어떻게, 이렇게 아름다운 그녀를!

공주는 재가 되었지만 그녀가 세운도시는 곧 세계를 장악하게 되지.

바로 이 도시가
지중해를 통한 해상무역
으로 급속한 발전을 이룩한
카르타고였지.

기원전 7세기
카르타고는
인구 30만에
이르렀어.

엄청난 규모의
해상도시가
되었네.

세계의 가장 큰
도시 중 하나가
되자 많은
사람들이 부를
찾아 카르타고로
몰려들었지.

잘 살려면
카르타고로
와야 해.

로마보다도 더 일찍 목욕탕시설을 갖춘 도시였지.

특히 좁은 도시에 많은 사람이 살아야 했기 때문에
북적 북적
무슨 방법 없을까.
갑갑해...

여러 층으로 된 공동주택을 많이 지었는데
와 놀라
바로 세계 최초 아파트의 탄생이야.
와우!
조심해

카르타고는 번영을 거듭하였고 좁은 북아프리카 해안을 떠나 해외로 진출을 시도하지.

기원전 520년 지브롤터 해협의 헤라클레스의 기둥을 지나는 선단이 있었는데

이것을 가능하게 한 힘의 원천은 놀라운 기술력으로 건설된 항구 시설 때문이었는데

세력이 절정에 다다른 기원전 4세기경의 카르타고의
항구 코톤은

카르타고의 심장으로 해군 및 해상 무역의
모든 것을 담당했지.

항구의 출입구는 폭이 21미터로 강철사슬로 폐쇄가 가능했고

안쪽으로는 두 곳의 정박지가 있었는데

첫 번째는 상인들의 배를 위한 곳으로 전형적인 부두의
모습이었고

두 번째는 군함을 위한 둥근모양의 정박지였는데
여기에 총 220척의 군함을 한꺼번에 수용할 수 있었어.

기원전 4세기 아무도 카르타고의 막강한 해군력에 도전을 하지 못했지.
덤빌테면 덤벼봐

카르타고는 이후 200여년 간 지중해의 굳건한 지배자가 되었지.

하지만 바다 건너 무서운 속도로 힘을 키워가고 있는 경쟁자가 있었으니
신경 쓰이네!

바로 역사상 최강의 국가 로마였지.
SPQR
이 두 강대국은 곧 지중해의 보석 시칠리아를 두고 한판 승부를 벌이지.
기대하시라~

로마 군대(개인장비)

클라우디스(히스파니아검)	칼리케(샌들)	찬굴룸(허리띠)
양날이 선 검으로 찌르기 용 투창과 함께 로마 병사들의 주무기 길이 60cm , 폭 3cm.	오랫동안 신어도 해지지 않도록 밑창에는 쇠 징이 박혀있다.	생식기를 보호하는 에이프런이 달려있다.

로마 병사의 등짐(마리우스의 노새)
로마 병사들은 무거운 장비를 지고 빠르게 행군하는 훈련을 받았지.
침낭
도랑을 파는데 쓰는 곡괭이
물이나 포도주를 담는 가죽병
야영생활을 위한 조리용 그릇
개인 용품과 2일치 식량을 넣은 주머니
참호 요새를 지을 때 숲의 풀을 베는 도구
28킬로그램이나 나가는 장비를 등에 지고 한 달에 세 번씩 5시간동안 32킬로미터가 넘는 거리를 걷는 훈련이야.
이것을 처음 시도한 장군의 이름을 따 마리우스의 노새라고 불렀지.
로마군의 야영 막사
쿨~
하루 종일 힘든 행군을 끝내고나면 병사들은 편히 쉴 수 있는 야영막사를 지었지.
팍
팍~
모든 막사는 사각형의 형태로 그 안에 천막이 줄지어 세워 졌단다.
막사 주변으로 도랑을 파고 도랑 위쪽에는 나무를 밟아 울타리를 만들었어.
장군의 지휘 본부는 언제나 중앙에 위치하지.

이렇게 살았어요

목욕탕의 역사

욕실은 고대 그리스 시대 이전부터 있었던 것 같아. 고고학적인 사료에 따르면 기원전 5세기부터 있었다고 해. 올림피아에서 발견된 목욕탕은 커다란 방에 11개의 욕조가 설치되어 있었어. 오린토스의 주거지역에서도 욕실이 발견되었고, 헬레니즘 시대의 시칠리아 섬에도 이런 시설이 있었지. 시민들이 널리 목욕을 즐기게 된 것은 기원전 2세기 이탈리아 반도에서부터였어. 폼페이에는 동그란 욕탕을 갖춘 공중목욕탕이 있었어. 부유한 시민들은 자기 집에 여러 개의 욕실을 만들기도 했지. 공중목욕탕이 더욱 널리 보급된 것은 네로 황제 때부터야. 네로는 공동주택에 욕실을 설치하는 것을 금지해서 일반 시민은 황제가 지은 공중목욕탕을 이용할 수밖에 없었어. 유럽에서는 12세기부터 공중목욕탕이 생겨 도시나 농촌 어디에서나 공동으로 목욕하는 습관이 널리 퍼지게 되었단다.

세계사 상식

카르타고의 유적

카르타고 유적

로마에 있는 카르타고의 대표적인 유적은 많은 요새와 수도교야. 특히 수도교는 많은 인구가 살았던 로마에 물을 공급하기 위해 만들어진 것으로 매일 최소한 (로마에는 총 11개의 수도교가 있는데 이 수도교들의 총 용량을 계산하면) 1,127,220m³의 물을 아펜니노 산맥에서 도시로 공급했다고 해. 기록에 따르면 12대 황제인 네르바 황제 통치 기간(96~98년)에 도시에 있던 수도교의 개수는 97개 정도였다고 해. 카르타고의 비르사 언덕에는 유노와 유피테르, 미네르바를 모시는 큰 신전이 있었고 근처에는 아스클레피오스에게 바친 신전도 있었어. 이곳에는 당시에 현관을 장식했던 훌륭한 조각작품들이 지금도 남아 있어. 그 밖에도 음악당, 극장, 원형경기장, 목욕탕, 곡마장이 있었지.

꼭 기억해둘만한 인물

한노

한노

카르타고의 귀족으로 로마와 카르타고 간에 벌어진 제2차 포에니 전쟁 때 전쟁을 반대하는 친로마파 귀족을 대표하는 군지휘관이었어. 그는 카르타고에 속해 있던 아프리카 원주민들을 선동해서 반란을 일으킨 카르타고 용병들을 진압했어.

그는 귀족들을 대신해 아프리카의 부족들을 장악했기 때문에 인기가 있었지만 아프리카인들에게 무거운 세금을 걷었어. 그는 한니발의 정복전쟁을 반대했는데, 한니발이 스페인과 이탈리아에서 싸울 때에도 지원해주지 않았어. 그는 한마디로 땅을 소유하는 귀족들의 편이었던 거야.

무적 로마군이 나가신다!

2. 제1차 포에니전쟁 - 무적 카르타고 해군의 패배(기원전264 - 기원전241)

코르부스만 있다면 카르타고 해군도 무섭지 않다!

으악

시칠리아는 지중해상의 전략적 요충지로 카르타고의 무역에 중요한 부분을 담당하고 있었지.

지중해의 한복판!

*코르부스: 고대 로마 해군이 1차 포에니 전쟁 당시 사용한, 다른 배에 다리를 놓는 장치이다. 폭 1.2미터, 길이 10미터 정도의 가교를 일컫는다.

메사나시의 이탈리아인 용병 대장 마메르티니로부터였어.
난 이탈리아 인이야.

마메르티니는 그리스 식민지 메사나시를 점령하던 중에 그리스인들을 상대로 난폭한 짓을 저지르자

시라쿠사 왕 히에론 2세는 즉시 마메르티니를 공격하여 그리스인들을 구해내지.
와
와ㅇㅇ

카르타고와 손잡은 히에론 왕이 마메르티니를 계속 공격하자
철저히 부셔라!
우루 루ㅇㅇ

궁지에 몰린 마메르티니가 로마에 구원을 요청한 거야!
같은 이탈리아 인이니 도와주시오.
지원군이 필요해!

만약 로마가 같은 이탈리아인의 편을 들어주어 지원군을 보낸다면
히에론 왕과 손잡은 카르타고와 부딪칠게 뻔 한 일이었지.

그런데 문제는
어쩌면 좋소.
글쎄... 어쩐다...

카르타고와 맞붙어 싸운다 해도
한판붙자!

해전에 경험이 없는 로마에게는 승산이 없어 보였지.
에잇!
으악

하지만 로마는 이탈리아 반도를 통일한 자신감에 차 있었고
우리는 이탈리아 반도를 통일한 로마다.
우리에겐 특별한 능력이 있지.
맞아!

해외로 영토를 넓힐 기회를 엿보고 있던 차에
이번 기회에 좁은 영토에서 벗어나 해외로 진출 합시다.
시칠리아를 속주로 삼아 버리는 거야!

즉각적인 파병 결단을 내리는데
카르타고를 이길 수 있다!
전쟁이다 !!

전쟁의 승자는 시칠리아 섬의 주인이 될 뿐만 아니라

지중해 남부 전체를 지배할 수 있었지.

기원전 264년
로마와 카르타고
의 제1차
포에니전쟁의
막이 올랐어.

로마와 카르타고는 격렬하게 싸웠지만
투닥
투닥
너죽고
나 살자!

오랫동안 전세가 한쪽으로 기울지는 않았어.
도무지 승부가
안나는군
아고고…
아고~
나죽어…

전쟁이 시작되었을 때 군선이 없던
로마는
우리는
함선이 한 대도
없어.
한 번도
바다에
나가 싸운
적이 없거든.

군선의 필요성을 절실히 느끼고 있었지.
섬으로 병사를
실어 나르고 또
바다위에서
적들과 싸워야
합니다!
어쩌지!!
아무래도
배가 많이
필요 하겠군.

그때부터 로마는 군선을 만들기 시작하여 짧은 시간에 대규모 해군을 거느리게 되었어.

하지만 로마는 카르타고의 해군을 도저히 이길 수 없다는 사실을 잘 알고 있었어.
으아~

카르타고는 오랫동안 지중해를 지배한 해상국으로 배를 다루는 기술과 만드는 기술이 뛰어났고
반면에 로마는 이제 막 걸음마를 시작했지.

그럼 이 전쟁은 카르타고의 일방적인 승리로 끝나겠군.
그건 아니야!

로마군은 반도를 통일한 자긍심과 애국심이 투철했지.
그에 비해 카르타고 군대는 용병들 중심으로 애국심 따위는 없었지.

그럼 무승부 인거야?
암튼 팽팽한 승부가 계속 되었어...
막상 막하
이익
끙...
쾡
쨍

카르타고에 비해 뒤떨어진 해군력을 극복하기 위해 고심하던 로마는

강점인 육군을 이용하는 신무기를 개발하는데
신무기의 탄생이다!

바로 적선에 다리를 놓아 육군이 건너갈 수 있도록 한 무기로
와
와
와
쏴아아...

로마 해군은 이 신무기로 기원전 260년 벌어진 해전에서 막강한 카르타고 해군을 물리쳤지.
끼이이익..

슈앙
이게 뭐야? 꼼짝할 수 없잖아!
쿵

적선에! 건너가 모두 섬멸시켜라!
와 우루루... 와
큰일났다 로마 육군이 떴다~!

하지만 로마는 해상국인 카르타고의 조선 기술을 끝내 앞지를 수는 없었는데,
너무 강해…

이기고 지는 전투가 계속되며 소모전 양상으로 전개되었어.

카르타고의 하밀카르 바르카 장군이 지휘권을 장악하면서
로마 따위가 감히…

전세는 카르타고에 넘어오는 듯 했는데
시칠리아를 공격해라!

기원전 247부터 242년 까지 하밀카르는 무서운 기세로 단숨에 시칠리아를 휩쓸었지.
와
와
와
시칠리아는 카르타고 땅이다!

그 가운데에는 새로운 형태의 5단 노전함이 있었기 때문이지.
난공불락 이야!
우리는 언제쯤 저런 막강한 함선을 가져볼까…

고전을 면치 못하던 로마군은 어느 날
엉? 저게 뭐야…

폭풍으로 해안까지 떠밀려온 배를 수습하는데
와
카르타고 전함의 잔해야.
와
와
이게 웬 떡이냐?

로마는 카르타고의 전함의 구조를 알아낸 뒤
후후 …

그리고 로마의 새로운 전함으로 탈바꿈 시켰어.

가공할 위력을 지닌 전함으로 무장한 두 국가는 이제 해상의 패권을 걸고 역사상 가장 치열한 해전을 치루는데
두둥

이 해전은 기원전 241년 3월 10일 시칠리아 섬의 서쪽의 아이가테스에서 벌어졌지.

전략상의 실수로 카르타고는 로마 해군에 크게 패하고 말았어.
보급품을 실은 함대가 로마에 전멸 당했어.
카르타고는 무조건 항복하지.

카르타고는 어쩔 수 없이 시칠리아 섬을 포기하고 로마에 막대한 전쟁 배상금을 물어야 했어.

이렇게 해서 제1차 포에니 전쟁이 끝났어.

이후 로마는 코르시카와 샤르테냐 섬을 차례로 점령하고 속주로 삼았지.
코르시카
사르테냐
시칠리아

이제 지중해는 로마를 새로운 지배자로 맞이했지.

공화정시대의 로마 해군
예로부터 로마는 물과 거리가 멀었던 민족이었지 하지만 로마가 지중해 패권을 둘러싸고 다투게 되면서 바다를 장악할 해군력이 절실해 졌지.
여기서 로마 해군이 탄생했어.
코르부스(까마귀 corvus)
로마의 보잘 것 없는 배 건조 기술과 해군력으로 카르타고의 막강한 해군을 상대하기란 어림도 없는 일이었지. 그래서 한 로마군 지휘관이 아이디어를 냈는데 바로 코르부스를 활용한 신무기 였지.
코르부스를 장착한 로마전함이야!
난 전쟁 싫어!
깍
깍
까마귀를 잡아라!
와아

코르부스는 배와 배사이를 잇는 다리로 끝부분에는 대못이 달려 있었어.
적함에 다가가 코르부스를 내리 꽂으면 대못이 적함에 박혀 고정되고 이때 아군 함선에 대기 중이던 로마 군단병들이 적함으로 건너가는 거지.
이것은 바다 위에서도 로마군의 강점인 육군을 잘 이용하기 위한 아이디어 였어.
하지만 코르부스는 금새 사라지고 말았는데 그 이유는 무게가 지나치게 무거워 코르부스를 단 전함이 균형을 잡지 못하고 자주 침몰했기 때문이었다.
사람 살려~
싸워 보기도 전에 침몰하는군
별똥대 투입~
와~
와
헉! 떴다 로마 육군!!
쿵..쿵..

이렇게 살았어요

용병 부대 마메르티니

마메르티니는 이탈리아 캄파니아 출신의 용병부대야. 마메르티니라는 이름은 사벨리족이 모시던 전쟁의 신 마메르스에서 나왔어. 시칠리아의 시라쿠사에 고용되어 있었던 이들은 도망쳐서 그리스 식민지 메사나를 점령하고 주변의 영토를 약탈했어. 당시에는 많은 도시 국가들이 용병 부대를 쓰고 있었는데, 카르타고 같은 경우에는 용병을 모아 군대를 만들었고, 전쟁이 일어날 때마다 급료를 지불했기 때문에 문제가 발생해서 종종 반란이 일어나곤 했단다.

꼭 기억해둘만한 인물

하밀카르 바르카

바르카는 유명한 장군 한니발의 아버지야. 그는 제1차 포에니 전쟁 때 카르타고 군대를 거느리고 있던 장군이지. 당시에 카르타고는 시칠리아의 거의 모든 영토를 로마에 빼앗겼는데, 그는 남부 이탈리아 해안을 통해 공격을 했어. 그는 에릭스 산으로 이동해 방어했는데, 카르타고 함대가 로마에 패배하자 전쟁을 끝내고 자기 용병부대가 반란을 일으킨 아프리카로 향했어. 그는 반군을 진압하자 카르타고의 지도자로 떠올랐지. 그는 스페인까지 진출해서 도시를 세우고 죽을 때까지 정복 사업을 전개했단다.

1차 포에니전쟁

적의 심장부를
노려야한다!
3. 제2차 포에니전쟁 – 한니발을 이긴
스키피오(기원전218 – 기원전201)
로마는 시칠리아 섬 뿐만 아니라 카르타고가 점령했던
코르시카와 사르데냐 섬까지 손에 넣었지.
갈리아
에스파냐
이베리아 반도
카르타고노바
지중해
로마
북아프리카
한니발이
로마를 공격한
경로야 어때
굉장하지?
이제 로마인들은 카르타고인들에겐 더 이상 아무 권리도
없다고 생각했어.
패전국의
국민은 노예나
다름없어.
맞아!
하지만 아직 포기할 수 없었던 카르타고의 하밀카르는
나는 20년간
로마와 싸워
단 한차례도
패한 바가 없다.
빠드득
하밀카르는 종전 협정에 억지로 승복했을
뿐이라 생각했지.
우리는 절대로
로마에 진 것이
아니다.
집으로
돌아가 다시
싸울 날을
기다릴 것이다!

로마가 사르데냐와 코르시카를 잇달아 손에 넣자

하밀카르는 카르타고의 힘을 키우기 위해 에스파냐로 갔어.

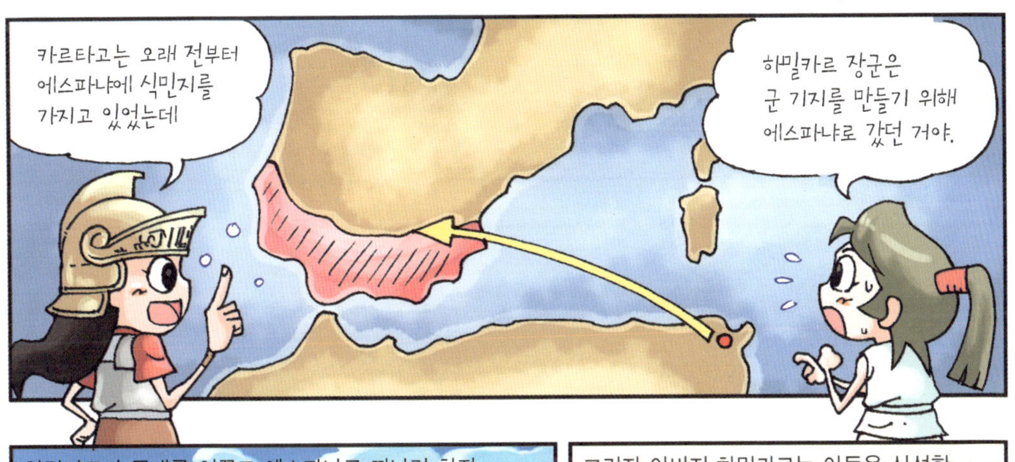
카르타고는 오래 전부터 에스파냐에 식민지를 가지고 있었는데
하밀카르 장군은 군 기지를 만들기 위해 에스파냐로 갔던 거야.

하밀카르가 군대를 이끌고 에스파냐로 떠나려 하자
아빠, 저도 함께 갈게요!

당시 9살이던 아들 한니발이 같이 따라 가겠다며 애원했지.

그러자 아버지 하밀카르는 아들을 신성한 재단으로 데려 갔어.
로마를 영원히 증오하고 언젠가는 그들에게 복수할 것을 신에게 맹세 하거라!

*바알 : 가나안 지방의 신, 유대 민족이 가나안으로 옮겨와 살면서 여호와에 흡수되었다.

기원전 229년 겨울 원주민 부족의 반란을 진압하는
과정에서 하밀카르가 전사하고 말았어.

아버지가 죽고 5년 후 한니발은 카르타고 군대의
총사령관에 오르는데

병사들은 그를 장군으로 인정했고 먼 곳에 있는 카르타고 정부가 그의 임명을 받아들였어.
와
한니발장군
만만세~
와
병사들 사기가
하늘을 찔렀단다.
한니발장군
만세~

하밀카르가 죽은 후 몇 년 동안 카르타고인들은 많은
일을 해냈는데
카르타고 노바
에스파냐에
신 카르타고를
건설했고,

동선을 수조했으며
AVGVSTV

충성스런 신병도 수천 명이나 확보했지.

로마군은 이런 카르타고의 행보를 탐탐치 않게 생각하고, 에스파냐에 사절단을 보내 감시하게 했지.
대체 무슨 꿍꿍이지?
사절단
별일아닙니다.

한니발이 더 많은 에스파냐 영토를 장악해 나가자

로마의 불안감은 더해갔는데
음…
아무래도 안되겠어.

그러던 중 기원전 220년 가을 한니발이 원정에서 돌아왔을 때

로마 사절단이 기다리고 있었는데
사군툼은 로마의 동맹군이니 공격하지 마시오.

로마의 경고에 화가 난 한니발이 사군툼을 포위 공격하지.
와아~
공격~
와
로마의 말을 들을 필요 없다!

에브로강
에스파냐
사군툼
어째 전쟁이 벌어질거 같은데…

이에 대해 로마 사절단의 단장이 카르타고 원로원에 선전포고를 하였지.
전쟁이냐 평화냐는 그대들의 선택에 달려있다.
지금 당장 한니발에게 형을 선고하고
즉시 체포하여 적대행위에 대한 죄를 묻지 않는다면
파비우스 부테오

부득이 전쟁을 벌일 수밖에 없다.

그러자 카르타고 원로원은
한니발은 죄를 짓지 않았다.
로마는 간섭하지 마라.

전쟁이다!
얼마든지 덤벼 보시지.

마침내 로마에 복수 할 기회가 왔다.
와
와
그렇게 해서 제 2차 포에니 전쟁이 발발한거야!

기원전 218년 로마의 집정관 두 명은 군단을 두 개로 나눠 공격하는데
한 명은 에스파냐로 가서 싸움을 걸어온 한니발과 싸우고
다른 한 명은 시칠리아로부터 카르타고를 공격해 원로원을 없앨 계획이었지.

로마는 당시 70만 대군을 거느린 지중해의 지배자로 자신감에 차 있었지.
카르타고가 내색은 안하지만 속으로는 벌벌 떨고 있을 거야.
그치?
하하 그렇겠죠 …

그런데 한니발은 그런 로마인들의 생각과는 다르게 조금의 두려움 조차 없었지.
어서 와라
이 날이 오기만을 얼마나 기다렸더냐!
꾸욱

카르타고군은 1차 포에니 전쟁 때와는 다르게 결속력이 강한 직업군인으로 구성되었지.
평생을 전쟁터에서 보냈어.

반면에 로마군은 파트타임 성격의 군대로 민병대 수준에 불과했지.
난 목수
난 농부였어…

한니발 군의 또 다른 비장의 무기는 서른일곱 마리에 달하는 아프리카 코끼리 부대였는데

카르타고군은 알렉산드로스 시절부터 코끼리를 무기로 이용했어.

바로 에스파냐를 출발
하여 피레네와 알프스
산맥을 넘는 대여정의
길이었어.

기원전 218년 봄 한니발은 10만 대군과 코끼리 37마리를
이끌고 로마를 향해 진군했어.

한니발은 피레네 산맥을 우회하여 론 강을 지나
알프스를 향해갔지.

이제 한니발과 로마 사이를 가로막고 있는 것은 험준한
알프스 산맥 뿐이었지.
때마침
알프스에는 혹한의
겨울이 찾아
오고 있었는데

장군! 이대로는 알프스를
넘지 못 할 것입니다.

해가 바뀌기
전에
알프스를
넘어야 한다.
지금은 망설이고
있을 때가
아니다!

이미 추위가 찾아온 알프스에 코끼리를 데리고 오르는 일은 상상할 수도 없었던 일이었지.

제군들이여! 우리는 지금 로마의 성벽을 넘고 있다!

2주 동안 한니발과 병사들은 살을 에는 혹독한 추위와 사투를 벌여야했지.
이 성벽만 넘어서면 로마를 정복 할 수 있다!
휘이 이 잉..
산을 오를수록 사상자 수도 늘어만 갔어.
휘잉..

미끄러지고, 눈사태를 맞고, 추위 때문에 사람들이 죽어가고 있어.
그래도 한니발은 포기할 생각이 없나봐!

에스파냐 북부에서의 4개월, 알프스에서의 15일을
이겨낸 카르타고군은
마침내 북이탈리아에! 도착했다.

하지만 알프스에서의 무리한 행군으로 병력의
절반을 잃은 상태로
헉
헉
후우~
학.
학.
살아있는 것만으로 감사하자!

로마는 우리의 적이오.
보충전력이 절실했던 한니발은 북이탈리아 지역의 원주민인 갈리아 족을 한편으로 끌어 들이지.

한니발이 북이탈리아에 도착했다는 소식을
접한 스키피오는 티키누스로 달려왔고
와~아

이어진 한니발 군과의 전투에서 접전을 벌이는데
와
와 아
와

한니발 군은 수적으로도 열세였고 무장상태도 형편없었지만

기원전 218년 12월 2차 포에니 전쟁 최초의 큰 전투가 벌어졌지.

로마군은 한니발이 쳐놓은 덫에 빠지고 말았는데
와
와
와
함정에! 빠졌다!

한니발의 뛰어난 전술 운용과 카르타고군의 독특한 전투 방식으로
공격 앞으로~

로마군은 속수무책으로 당할 수 밖에 없었지.

로마 집정관 롱구스는 트레비아 전투에서 병력의 3분의2를 잃어야 했고

한니발은 여세를 몰아 에트루리아 지방을 향해 남진 했어.

로마군으로서는 유래가 없는 처참한 패배를 당한 것이야.

원정길은 힘든 고난의 연속이었지.
아! 집에 가고 싶다!

아르노 강 부근 늪지를 통과하는 도중에 한니발은 병에 걸리고 말았는데
으앙
한쪽 눈을 잃고 말았어.

그 모든 역경을 이겨내고 기원전 217년 봄에 에트루리아에 도착 했어.
여기가 에트루리아인가?

한편 로마는 두 번의 전투에서 치욕적인 패배를 당하자
군대를 재무장 합시다.
새 집정관을 선출하고

기원전 217년 트라시메노 호수 전투에서

한니발의 카르타고군이 호숫가 언덕 위에 몸을 숨긴 채 호숫가로 로마군을 유인하여 대승을 거두는데

이 매복전은
고대 전투 역사상
가장 규모가 컸지.
로마군이 호수 가까이 다다르자 호수 위쪽 언덕에 매복해 있던
카르타고군의 기습이 시작되었고

호수 주변은 짙은 안개로 한치 앞도 보이지 않는 상황
으로

카르타고군은 로마군을 호수로 몰아붙이며 닥치는
대로 공격했지.
와아 아…

플라미니우스 집정관이 이끄는 로마군은 하룻밤 사이 1만5천의 병력이 호숫가에서 몰살을 당했는데

많은 병사가 호수로 몸을 던져 익사 했어.
저 곳에 플라미니우스 집정관도 있었지.

트라시메노 패전 소식이 로마에 전해지자
오~ 한니발은 무서운 존재야.

로마인들 사이에서는 한니발에 대한 두려움이 싹트기 시작했어.
어째서 계속 패하기만 하는거지?
한니발이 대단한 자임이 틀림없어...

거듭되는 패전으로 로마가 두려움에 떨자 원로원도 당혹스러웠지.
대체 한니발을 어찌하면 좋소?

이 무렵 로마 원로원은 전례에도 없는 6개월 임기의 독재관을 선출하였는데
집정관을 대신 할 독재관 이오!

퀸투스 파비우스 막시무스로 그는 한니발 군의 우위를 스스로 인정하고 전투에서 한발 물러서야 한다고 주장하지.

배후에서 군사력을 소모시켜야 승산이 있다고 믿었지.

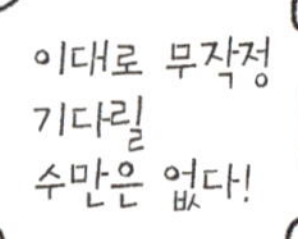

막시무스의 6개월 임기가 끝나갈 무렵

로마 원로원은 새로운 집정관을 선출하고 군대를 증강하여 한니발과의 전면전을 재개하는데

얼마 후 그동안의 전투와는 비교도 할 수 없는 큰 전투가 이탈리아 남부의
고대도시 칸나에에서 벌어졌지.

기원전 216년 6월 한니발이 칸나에의 중요한 보급
기지를 장악하자

로마군은 전력에 큰 타격을 입었지.
어서 조치를
알겠네!

이에 로마군은 즉각 병력을 총동원하는 결정을 내리는데
전군을 모아서 한니발을 치자!

8만 8천의 대규모 병력이 칸나에의 넓은 벌판에 운집했지.

8월이 되자 로마군이 전투대열을 갖추고 공격
공격명령과 함께 맹렬한 기세로 카르타고군을
향해 공격했지.
와
와 아...

수적으로 훨씬 우세했던 로마군은 카르타고군의 이중 포위작전에 당하고 말았는데

①

②

로마군

카르타고군

전투는 그날 저녁까지 계속 되었지.

먼지가 걷히자 로마군 5만 명이 죽어있었는데

고대 전쟁에서
하루 동안 가장 많은
사상자를 낸 전투였어.

한니발은 칸나에 전투의 승리로
역사적으로 위대한 장군으로서
업적을 남겼지.
특히
기고만장하던
로마군에 뼈아픈
패배를 안겼어.
이럴
수가!!
와아~
왕멋져~

한니발은 주위의 반대에도 불구하고 로마에 평화
협정을 제의하는데
성문을 열어라!
한니발 장군께서
보낸 특사다.

이제 로마는 항복할 수밖에 없는
상황에 처하게 되었어.

2년 동안 로마는 3차례 전투에서 패배
하며 10만 명이 넘는 병력을 잃었지만

로마인들은 전쟁에서 졌으면서도 패배를 인정하지 않았지.
패배를 인정하는
꼴이니…
협정에 동의
할수 없다.

한니발의 평화협정을 거부한 로마는 막시무스를 다시 사령관
으로 앉히지.
내말이
맞지
거 보라구!
지구전이
대세라니까…

한편 한니발은 로마군과 정면대결을 벌이기 위해 로마로 직접 쳐들어갔는데
순식간에 로마를 겹겹이 포위했어.
로마의 운명은 이제 바람 앞에 놓인 등불과 같았지.

언제 성문을 부수고 들이닥칠지 모르는 한니발에 로마는 공포와 절망에 빠져 있었지.

하지만 곧 전세는 역전되었는데
조국으로부터의 보급이 중단 되었다.
이제 모든 것은 하늘의 운명에 달렸다.

물자와 병력의 부족으로 더 이상 로마를 포위 공격하지 못하고 남동쪽으로 물러나지.

시간이 흐르자 한니발은 점차 고립되어갔고 로마는 더욱 압박을 가했지.

기원전 206년 로마에도 한니발에 버금가는 장수가 나타났는데

바로 스키피오 2세 로 그는 젊은 나이에 티키누스 전투에서 아버지를 구했고

트레비아와 칸나에 전투에도 참전했었지.

그는 한니발이 이탈리아 남부에서 꼼짝 못하고 있는 사이 에스파냐 전체를 정복하고

기원전 206년에 영웅이 되어 로마로 돌아왔지.
와

그는 이듬해 집정관에 선출되어 시칠리아를 다스리게 되었는데

그곳에서 칸나에에서 살아남은 병사들을 다시 모집했지.
스키피오님이 우리를 다시 부르셨다!
앗싸!

스키피오는 그들을 아프리카로 데려가 칸나에에서 당한 수모를 되갚아 주려했지.
와
복수전 이다!
아프리카로 GO~ GO

스키피오는 북아프리카에서 카르타고군을 손쉽게 무찔렀어.
와
와
와

카르타고는 어쩔 수 없이 로마군과 협정을 맺고
협상합시다
흠

동시에 한니발에게 소환명령을 내리지.
한니발, 그만하고 짐 싸!
뭐!
귀환을 …

한니발은 눈물을 머금고 군대를 되돌릴 수밖에 없었지.
아아… 로마를 눈앞에 두고…
짐싸

에스파냐에서 군대를 출발시킨 지 15년 만의 일이었어.
한니발은 기원전 203년에 1만 5천의 군사를 이끌고 카르타고로 돌아왔어.
쓸쓸한 귀환이겠군!

한니발은 이어 자마에서 스키피오에게 평화협정을 제의하지만 거절당하지.
흥!

기원전 202년 북아프리카 자마에서는

제2차 포에니 전쟁의 승부를 마감하는 전투가 벌어졌지.

한니발이 자랑하던 누미디아 기마병은 이제 적의 편이 되어 상대해야 했고

한니발군은 80마리의 코끼리 부대에 의존할 수밖에 없었지.

하지만 코끼리 부대는 전투에서 별다른 위력을 발휘하지 못했고
약점 투성이군!

전투는 칸나에에서 한니발이 로마군에 했던 것처럼
당한만큼 갚아주마!

이번엔 스키피오도 똑같은 전략으로 카르타고군에 승리를 거두었지.
와아
와
로마 만세!
와아
전쟁의 신 한니발을 무찔렀다!

그날 이후 위대한 한니발을 대파한 스키피오에게 새로운 칭호가 내려졌는데
스키피오 아프리카누스로 불리게 되었어.

카르타고는 항복하고 스키피오가 제시한 모든 조건을 들어주며 전쟁은 막을 내렸지.
우리의 요구사항은 이렇소…
무엇이든 말해보시오!

이로써 카르타고의 지중해의 모든 영토가 로마에 넘어갔지.
SPQR
여기도 로마땅

막대한 배상금을 지불해야 했으며

코끼리를 비롯한 함선을 로마에 넘기고 어떠한 전쟁도 로마의 허락 없이는 할 수 없게 되었지.
사실상 군사력을 모두 상실한 거야.

전쟁에 패한 한니발은 이후 모함을 받고 도망자 신세가 되었는데
한니발이 또다시 로마와 싸우려 해요.
뭐!!

로마군의 추격이 시작되자 한니발은 멈추지 않고 이곳저곳으로 피해 달렸지.
한니발이 시리아에서 소아시아로 도망쳤다 끝까지 추격하라.

기원전 183년 비티니아의 왕궁에서 로마군에 포위당한 한니발은

아버지 하밀카르처럼 적의 손에 죽는 불명예 대신 스스로 목숨을 끊는 길을 택하지.
마지막 순간까지 로마에 승리감을 안겨주기 싫었던 거구나!

로마의 군대

레기온(군단)

5~6천명의 병사를 하나로 묶어 '군단'이라는 뜻의 '레기온'으로 불렸지.

켄투리아 (백인대)

80명의 병사로 구성된 군단 내에 소속된 보병대 행군하고 야영하면서 전쟁터를 누벼 다녔다.

켄투리오(백인대장)

백인대 병사들에 의해 선출 되었고 일반 병사들 보다 더 많은 급료를 받았다.

기병대

전리품을 받은 대가로 로마군을 위해 싸우는 외국 기병들로 이루어졌다.

나팔수

새로운 명령이 떨어지면 길고 굽은 나팔을 불어 병사들에게 알린다.

기수

표장을 들고 다니며 백인대의 저축액을 관리했고 글을 아는 사람이 맡았다.

이렇게 살았어요

바알신

바알신

고대에는 근동(유럽과 가까운 서아시아 지역)의 여러 부족이 바알이라는 신을 섬겼어. 가나안 사람들은 바알을 여러 신들 중에서 가장 중요한 풍요의 신으로 숭배했어. 그들은 바알이 땅의 주인이고, 땅을 기름지게 하는 비와 이슬의 주인이라고 여겼지. 한마디로 바알은 신들의 왕이었어. 히브리 구약성서에는 폭풍우의 신으로, 페니키아 문서에는 하늘의 주인이라고 나와 있어.

꼭 기억해둘만한 인물

리비우스

리비우스

로마의 위대한 역사가 하면 살루스티우스, 타키투스, 리비우스 이 세 사람을 꼽아. 리비우스가 쓴 〈로마사〉는 집필 당시는 물론 근대에까지 큰 영향을 미쳤어. 리비우스의 생애에 대해서는 알려진 게 별로 없어. 다만 옥타비아누스가 악티움 해전에서 승리를 거둔 뒤부터 알려지기 시작했지. 그는 일생을 대부분 로마에서 보냈고, 일생동안 〈로마사〉를 썼어. 〈로마사〉는 모두 142권의 방대한 분량이야. 지금은 몇 권만 남아있을 뿐이지만, 한 사람의 역사가일 뿐인 리비우스가 1년에 평균 3권씩을 썼다는 사실은 정말 놀라운 일이야.

카르타고가 국가로서 존재하는 한 로마의 안녕과 번영은 기약할 수 없다.

4. 제3차 포에니전쟁 - 로마와 카르타고의 엇갈린 운명(기원전149 - 기원전146)

제2차 포에니 전쟁이 끝난 후 로마에 막대한 배상금을 물어야 했던 카르타고였지만

로마의 웅변가이자 감찰관인 마르쿠스 포르키우스 카토란다.

여전히 무시 못 할 존재로 얼마 지나지 않아 패전의 상처를 말끔히 씻고 다시 강력하고 부유한 도시 국가로 번영을 구가하지.

제 2차 포에니 전쟁이후 한때 카르타고의 동맹국이었던 누미디아가 카르타고의 남부 영토를 침범해오기 시작하자

카르타고는 당연히 맞서 싸워야 했지만 문제는 어떠한 전쟁도 로마의 허락 없이는 할 수가 없었지.

이 문제를 중재하기 위해 로마에서 카르타고에 사절단을 내려 보냈는데
여기가 카르타고 인가?
사절단의 카토 감찰관이야

카르타고에 처음 도착한 카토는 웅장한 도시의 위용에 놀라 강한경계심이 발동하는데
오~

활기찬 거리의 젊은이들

무기고에 가득 쌓인 무기들

또한 항구에는 수없이 많은 선박이 바다를 누비고 있었지.

카토는 즉시 로마로 돌아가 이 상황을 말하고
카르타고는 여전히 위험한 존재다. 곧 새로운 위협이 될 것이야.

이후 카토의 모든 연설은 카르타고의 멸망을 주장하는 말로 끝을 맺었지.
그러니까 반드시 카르타고를 멸망 시켜야 한다.

기원전 149년 마침내 카토의 주장이 받아들여져 로마는 카르타고에 전쟁을 선포하는데
로마는 군대를 보내 카르타고를 겹겹이 포위하였지.

이때 로마 군의 사령관은 한니발을 격파하였던 스키피오 장군의 손자인 코르넬리우스 스키피오였어.
카르타고 나와라!
사람들은 나를 두고 '소 스키피오'라고 불렀지.

로마 군대가 파견되자 카르타고는 로마에 전쟁할 뜻이 없음을 밝혔는데
그러면 좋다.

로마는 즉각 요구조건을 내걸지.
그 증거로 너희들이 가지고 있는 모든 무기를 로마에 넘겨라.
칼 한 자루도 빠짐 없어야 한다.

카르타고는 순순히 요구조건을 받아들여 도시안의 모든 무기를 로마에 넘기고 말았으니
헤아릴 수 없는 엄청난 수의 무기가 로마에 넘겨졌어.

그런데 로마가 계속해서 군대의 포위를 풀지 않자
약속을 왜 지키지 않소?

이제 카르타고 인들은 한 명도 빠짐없이 도시를 떠나라. 도시는 곧 파괴될 것이다!
떠나라니… 이제 와서 어디로 떠나란 말이오…

바다에서 되도록 멀리 떨어진 내륙으로 이동하라!
그것만이 유일한 살 길이다!

그때서야 카르타고인들은 로마의 속임수에 넘어간 사실을 알았지.
아뿔사~!

카르타고인들은 즉시 성문을 닫고 끝까지 항쟁할 것을 결의하는데
절대 물러서지 않겠다.
최후의 한 명이 쓰러질 때까지 맞서 싸우자!

와
아
와
거짓말쟁이 로마!
비겁하게 속임수를 쓰다니…

하지만 로마에게도 문제가 있었는데

그것은 역사상 최고의 방어력을 자랑하는 카르타고의 요새를 넘는 것이었지.

거대한 세 겹의 석재로 지어진 성벽은 침공이 불가능한 철벽으로 여겨졌는데
첫 번째 성벽은 참호, 두 번째 성벽은 석재로 쌓은 방벽이네.
둘레가 37킬로미터에 달했고 세 겹의 벽으로 이루어 졌지.
철통 같은 준비가 따로 없군.

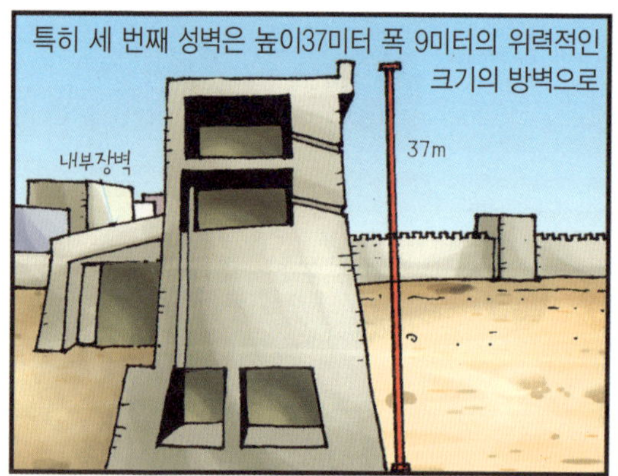
특히 세 번째 성벽은 높이37미터 폭 9미터의 위력적인 크기의 방벽으로
내부장벽
37m

180m 간격으로 초소를 설치하여 경계를 늦추지 않도록 지어졌지.

카르타고의 하스드루발 장군은 로마를 상대로 요새를 사수하는데
내 임무는 요새를 끝까지 지키고 누미디아에 복수하는 것이다.

로마에게 절대로 물러서지 않을 것이라 결의를 다진 카르타고인들은
와 아
와
병력 지원~
너도나도
남녀노소 할 것 없이 전쟁에 임하지.

여자들은 머리카락을 잘라 쇠뇌를 발사할 밧줄을 만들었고

석방된 죄수와 아이들 그리고 노인들까지 군대에 합세했지.

또 20년 전에 은퇴한 대장장이도 무기를 만들겠다며 나섰어.

두 달간의 치열한 작업 끝에 6천 개의 방패와 1만 8천 개의 검, 3만 개의 창, 120척의 전함 그리고 6만 개의 쇠뇌를 확보했지.

이런 카르타고의 노력으로 요새는 로마군의 공격을 3년 동안 막아냈지.

하지만 로마군은 마침내 성 안으로 들어갔고, 성으로 진입한 지 7일 만에

도시 안으로 들어갈 수 있었어.

요새가 뚫리자 도시 안은 거리마다 치열한 교전이 벌어졌고

시민들의 저항에 급기야 로마군은 도시를 불태우는데

불타오르는 도시 속에서 많은 시민들이
불길에 휩싸였지.

포로로 잡힌 카르타고인들은 무참히 살해당했고

도시의 인구는 50만에서 5만으로 급감했고 살아남은 자들은
노예로 팔려갔어.

기원전 146년 17일간의
불길에 카르타고는
완전히 파괴되었지.

잿더미로 변한 도시 위에 로마인들은 소금을 뿌렸는데
다시는 이 땅에 풀 한 포기 나무 한 그루도 자라나게 해서는 안 된다.

이로써 천 년 디도 여왕의 도시 카르타고는 로마에 의해 흔적도 없이 사라지고 말았지.

숙적 카르타고가 멸망한 후 로마는
지중해는 로마의 호수가 되었다.

이탈리아 반도의 작은 도시국가에서 거대한 제국으로 발전했고

그 후 500년 동안 지중해를 중심으로 하는 세계를 지배하는 초강대국으로 자리매김을 하지.
S.P.Q.R.

이렇게 살았어요

군함

2세기 초 트로이의 군함

배는 대부분 사람이나 물건을 운송하는 수단이었어. 처음에는 이 운송용 배에 무기를 실었다가 뒤에는 이를 개조하여 공격력과 방어력을 갖춘 전투용 배가 만들어졌지. 기원전 3000년경부터 노와 돛을 단 대형 선박에는 먼 곳으로 가거나 무역, 정복을 위해 출항했어. 기원전 2000년경 배에 공격용 무기를 장착한 크레타가 해상강국으로 떠올랐어. 그때까지는 주로 뾰족한 부위를 만들어 다른 배에 부딪히는 무기였지만, 갤리선의 등장으로 본격적인 전투용 배들이 만들어지기 시작했지. 갤리선은 속도도 빠르고 배 앞뒤가 높이 휘여져 보기에도 우아했어. 그러다 기원전 3세기말이 되어서야 무거운 돌이나 쇳덩이를 투척하는 배들이 나타나게 되었지. 로마는 해군국은 아니었지만 갤리선 함대를 만들고, 적의 배로 넘어가는 널빤지인 코르부스를 고안해 적을 제압했어.

고대의 중무장 보병전술

고대로마군대

고대 그리스 초기에는 기병, 전차병이 승패를 결정지었어. 군대는 주로 귀족으로 구성되어 있었는데, 민주정치의 성립으로 일반 시민으로 구성된 보병이 주력부대가 되었지. 로마는 기본적으로 대규모 보병으로 구성된 정규군으로서 여러 민족군과 싸움을 벌였어. 적진으로 출격한 로마군은 먼저 창을 던진 다음 칼로 싸웠어. 로마 말기의 정규군은 적어도 60만 명이 넘었다고 해. 이들은 대부분 국경 지대의 도시와 성을 지키는 역할을 했어. 로마에 게르만족이 이동하던 시기 게르만의 병력은 고작 1~3만 명 정도였지만 안으로부터 무너진 로마군은 그들 앞에 무릎을 꿇을 수밖에 없었지.

꼭 기억해둘만한 인물

하스드루발

하스드루발

로마군의 공격에 맞섰던 카르타고의 장군이야. 동생 한니발이 이탈리아로 갔을 때 에스파냐를 지켰어. 기원전 215년에 스키피오 형제에 대항해서 싸웠는데 크게 패했지만 4년 뒤에는 두 형제를 죽이고 로마군을 에스파냐에서 몰아냈지. 하지만 25세의 소푸블리우스 코르넬리우스 스키피오에게 패배하여 한니발이 있던 이탈리아로 갔지만 기원전 207년 메타우루스 강에서 싸우다 참수당하고 말았어. 그의 잘려진 머리는 네로의 명령으로 한니발의 진지로 던져졌어.

제 3 장

로마 제정 시대로 가는 길

3장을 읽기 전에

거의 120년 동안 지속된 포에니전쟁은 로마를 지중해 유일의 지배국으로서의 위상을 만들어주었다. 숙적이던 카르타고를 멸망시킨 로마는 이제 더 이상 다른 나라로부터 위협을 느끼지 못했다.

외부적으로 평화의 시대가 도래한 것이다.

하지만 이러한 외부세력과의 평화는 로마 내부의 불안 요소들을 밖으로 분출되어 나오도록 만들었다.

전쟁이 끝나자 늘어난 노예가 농민들의 삶을 위협하였고, 농민들은 로마 시내의 거지로 전락하게 되었다. 귀족과 평민이 서로 싸우고, 노예들도 사람답게 살겠다고 반란을 일으킨다.

이 모든 것들을 잠재우며 나타난 사람이 있었으니 그가 바로 카이사르이다.

카이사르는 외적으로는 다른 나라로 원정을 하여서 로마의 영토를 　 히는 한편, 귀족과 평민들의 오랫동안 계속된 싸움을 종결시키고, 노예들의 반란을 진압하면서 로마의 진정한 평화의 시대를 열어놓는다.

제3장 로마 제정 시대로 가는 길

제정시대란 황제가 로마를 다스리게 되는 시대야!

황제는 되물림 되는거라고

로마와 카르타고는 120년간 전쟁과 갈등을 빚어왔고 마침내 로마는 카르타고에 최후의 일격을 가하게 되지.

기원전 146년 , 북아프리카 카르타고

도시를 휘감은 불길은 모든 것을 태워버리고 있어!

1. 민중혁명과 그라쿠스 형제의 개혁 (기원전133, 기원전123)

기원전 100년에 로마가 지배하던 영토야.

로마의 영토가 크게 늘어나고 국가가 팽창을 거듭하자 커다란 변화에 직면하고 있었는데

라티푼디움(대농장)이 생겨나 귀족들이 땅과 재산을 불려가는 동안 평민들의 삶은 점점 궁핍해 지고 있었던 거야.
로마의 공유지는 귀족들만 가질 수 있다.
그러니까 평민들이 가진 공유지는 모두 빼앗아야 해!
흥
귀족들은 욕심 덩어리!
이로 인해 빈부의 격차가 심해졌어.

배고파…
꼬르륵

귀족들은 차지한 땅을 노예로 하여금 경작하게 했어.
랫츠~ 고!!

당시 가장 큰 노예시장이 있었던 델로스 섬에서는 매일같이 수만 명의 노예가 거래 되었다고 해.
인간 시장 이야!

대부분 정복지에서 잡아온 포로들이었지.
난 카르타고!
넌?
난 트라키아.
나는 시리아.

농민이 하던 일을 노예가 대신하자
주인이 시킨 걸 낸들 어째…
우린 뭐 먹고 살라고!

농업으로 살아가던 사람들이나 선생터에서 돌아온 군인들은 살기가 힘들어 졌지.
한순간에 실업자가 되다니…
농사를 지을 땅도 지을 수도 없어.
THOI~ THOI~

2천여 명에 이르는 농민이 땅과 집을 잃고 로마로 몰려들었지.
이러고 있을때가 아니지!
로마로 가서 막노동 이라도 해야지!
로마

그 때문에 로마 거리에는 실업자와 노숙자로 넘쳐났고
허걱! 나보다 먼저 온 사람들은
이럴수가..
모두 거리의 거지가 되었어…
한푼 줍쇼
땡전 한푼만
꾸벅

급기야 이 문제는 로마사회에서 심각하게 대두되었는데
그들의 불만을 빵과 놀이로 달랩시다!

빵과 놀이?
배고픈 자에게 약간의 구호식량을 나눠주고
그것도 돈들어가는건 마찬가지인데!
아주 조금만 인심쓰자.

백성이란 다 그런거지.
빈둥거리는 자에게 볼거리를 만들어 시간을 보낼 수 있게 해주면 되는 것이오.

고대 로마의 원형 경기장에서는 날마다 경마나 투기가 열렸는데
와~
와아~
와~
와~ 검투경기가 열렸다.
생생한 라이브로 볼수있어!

오늘날 서커스의 시초로 시민들은 이런 경기에 돈을 걸고 도박을 하며 광적으로 매달렸지. 잔인했던 검투사들의 싸움, 더 나아가 인간 대 맹수의 싸움 등 로마는 하루도 피가 흐르지 않은 날이 없었어.
와아~
놀이문화는 민중의 불만을 딴 곳으로 돌리려는 의도로 시행되었군.
아항~.

이런 로마에 개혁을 부르짖고 나선 인물이 있었으니
로마를 바꾸자!
평민이 살기좋은 로마로...

바로 티베리우스 그라쿠스로 그는 민중의 지지를 받으며 호민관으로 선출되었지.
가난한 평민과 군인을 위해 토지를 나눠주고
대지주의 토지 독점을 금지하는 법안을 내겠다.

귀족들의 반발은 거세졌지
뭐! 땅을 평민과 공평히 나누라고?
그게 말이 되...
웅성
어떻게 모은 재산인데...
웅성
날강도 같으니
웅성
티베리우스는 지주의 적이다!

그의 개혁 안은 평민들에게 호응을 얻어 성공을 목전에 두었으나...
탕
탕
통과!
탕~
만세~

호민관의 1년 임기가 끝나고 재선출을 앞 둔 시점에서
소근
소근
티베리우스가 왕이 되려고 평민들을 설득하고 있데!
뭐라고? 독재자가 되려한다고?
아앗 간지러.

뜻하지 않게 곧 소문이 퍼져 많은 사람들의 비난을 받기에 이르렀지
우~
우~
평민을 위하는 척 연기한 거야!
우~
결국은 왕이 되고 싶은 거라고!

이런 와중에 티베리우스는 어느 귀족이 휘두른 나무막대기에
머리를 맞고 쓰러졌어.

너무
안됐다…

그 후 티베리우스가 이룬 업적이 귀족들에 의해 빛을 잃어가고 있을 무렵
티베리우스가 죽었다고 평민들의 삶이 변화된 것은 아니지.
그래서

기원전 123년에는 그의 동생이 호민관에 오르면서 다시 불이 붙지.
나 가이우스 그라쿠스는 형의 뜻을 따를 것이오!
와
형제는 용감하다!

와아~ 와~
로마의 사회불안을 해소하는 길은 시민들의 생활을 안정시켜주는 일 뿐이오.
와아아~

하지만 그런 가이우스도 귀족들의 반발을 사고
뭐! 형의 개혁을 그대로 잇겠다고?
그렇다면 가이우스도 우리의 적이다!

형과 같이 음모를 받으며 위기에 몰렸어.
뭐!
가이우스도 없애 버리자!

귀족과 평민은 또다시 싸우기 위해 무기를 들었지.
어디 해보자!
와
빠득

난 저들이 서로 싸우는 걸 원치 않아…
내가 죽어야… 이 싸움이 멈출 거야…

결국 그렇게 해서 동생인 가이우스마저 죽으며 두 형제의 개혁은 실패로 돌아가고 말았어.

그것은 거대한 역사의 흐름인

공화정의 종말을 재촉하고 있었지.

이렇게 살았어요

라티푼디움

기원전 2세기 초부터 로마는 점령지역의 토지를 몰수해서 분배했어. 그래서 로마에는 넓은 토지를 소유한 이들이 생겨나기 시작했지. 그것이 바로 라티푼디움이야. 라티푼디움을 가지고 있는 로마의 상류층은 많은 돈이 있었기에 질 좋은 곡물과 가축의 품종을 개발했어. 라티푼디움에는 대저택이 있었고 노예는 가축, 농기구나 마찬가지로 취급받았어. 그러나 로마제국 말기에 이르면 노예 공급이 줄고 대규모 농사가 생산성이 떨어져 소규모로 경작하는 '콜로누스'(소작농)들로 대체되기 시작했단다.

라틴품디움 안의 생활 중 작은 규모의 사냥을 묘사한 모자이크

세계사 상식

콜로세움

플라비아누스 황제 때부터 시작해서 3명의 황제 재임기에 지은 로마의 거대한 원형경기장이야. 콜로세움은 돌과 콘크리트로 세운 완전한 독립 건물인데 가로가 190m, 세로가 155m에 이르는 거대한 건축물로 최대 5만 명이 동시에 입

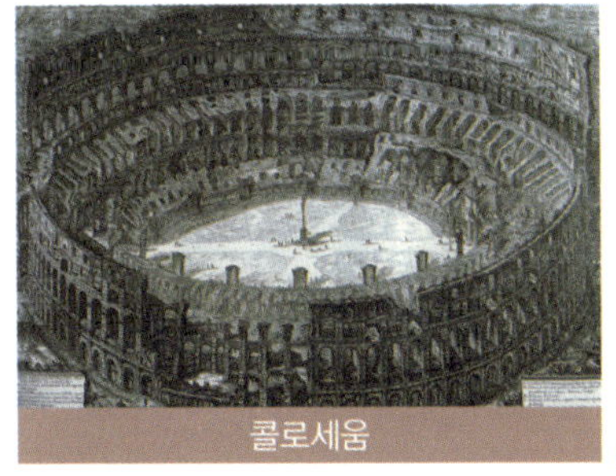

콜로세움

장해서 관람할 수 있었어. 이 경기장에서는 수천 번에 걸쳐 검투사 시합이 열렸고, 맹수들과 인간이 싸우는가 하면, 물을 채워서 모의 해전 같은 전투 장면을 보여주기도 했지. 중세에 번개, 지진으로 건물 일부가 파괴되었고 로마로 쳐들어온 반달족이 심하게 훼손시켰어. 대리석으로 만든 의자와 장식물들이 있었지만 모두 사라지고 말았어.

꼭 기억해둘만한 인물

코르넬리아

코르넬리아와 두 아들

기원전 2세기말 로마를 개혁했던 그라쿠스 형제에게는 코르넬리아라는 훌륭한 어머니가 계셨어. 그녀는 로마가 카르타고와 전쟁을 벌였던 2차 포에니 전쟁의 영웅인 푸블리우스 코르넬리우스 스키피오 아프리카누스(이름이 좀 길지?)의 둘째 딸로 결혼해서 12명의 아이를 낳았단다. 그 중에서 세 명이 살아남았는데, 그라쿠스 형제와 딸 셈프로니아였어. 코르넬리아는 남편이 죽자 이집트 왕의 청혼도 뿌리치고 자식들을 교육하는 데에만 매진했어. 나중에 그라쿠스 형제에게 급진적인 개혁을 하도록 부추긴 사람도 코르넬리아였다고 하는데 그렇지 않고 오히려 억제했다는 설도 있어. 키케로는 코르넬리아의 글에 감탄했다고 해. 지금도 그녀가 썼다고 알려진 편지 2통의 필사본이 남아 있어.

2. 마리우스와 술라의 피의 복수전 -군인 정치가들의 세력 확장

난 마리우스 장군이다!

군대를 움직이는 자가 로마를 지배하리라.

그라쿠스 형제의 개혁 실패 이후 등장하는 민중파의 마리우스와 공화파의 술라장군이야.

두사람 다 유명한 인물들이야.

험

로마의 진정한 주인은 나 술라장군이야.

이 무렵 평민들의 지지를 받으며 호민관에 오른 가이우스 마리우스는

평민을 위해 온갖 노력을 다하지.

로마의 주인은 평민이다!

귀족들은 마리우스의 세력이 커지는 것을 두려워해 온갖 방법으로 일을 꾸미지.

마리우스는 평민 출신이었고 평민들 편에 섰기 때문이야!
로마제국의 귀족은 문제가 많아!

하지만 귀족들은 마리우스가 필요했지.
당신 밖에 없어요.
야만족으로부터 로마를 지켜 주시오.
험

당시 발트 해 연안의 남쪽 나라는 이민족들의 침입으로부터 골치를 썩고 있었는데
발트해

모든 나라가 황폐화 되었고

이를 진압하러간 로마군도 당했지.

로마인들은 이들을 몹시 두려워했는데
와~ 크다!
생긴것도 야만 스러워...

야만족은 킴브리족, 튜턴족, 암브론족으로
게르만 인이야.

그들은 기골이 장대했고 부리부리한 눈과 야생의 긴 머리, 듣기에도 끔찍한 함성을 질러댔어.

워어~ 우워어~ 워~

상대적으로 왜소한 로마인들은 마치 거인을 마주하는 것처럼 느껴졌을 거야.

저 끔찍한 함성은 뭐지?

으~ 귀청이야.

그런 야만족을 차례로 격파하고

로마는 강하다

후닥~

후닥~

마리우스 장군은 위대하다.

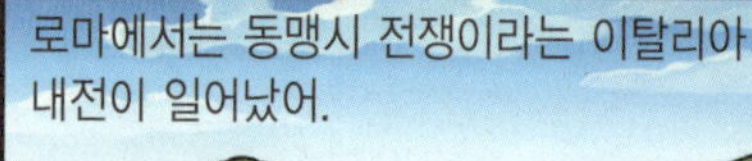

로마가 지배하던 이탈리아 동맹시들이 자신들도 로마인들과 똑같이 투표권을 가지길 원했지만 로마 원로원이 이를 거부하자 동맹시가 연합하여 로마와 싸운 전쟁이야.

마리우스도 참전하지만 진압하지 못했어.

이때 젊은 귀족인 루키우스 코르넬리우스 술라도 전쟁에 참가했는데
첫등장이군.
그렇다면 멋진 포즈로

그는 동맹시 전쟁의 모든 전투에서 승리를 거두었지.
무적이다!

하지만 동맹시의 대항은 계속되었어. 결국 기원전 87년 로마가 동맹시에 시민권을 주기로 타협하면서 전쟁은 끝났어.
그럼 이탈리아 전체에 로마 시민들이 살게 된거네.

로마인들은 술라에게 찬사를 퍼부었고
술라가 마리우스보다 훨씬 훌륭해.
짠
인기 급상승
울트라 캡숑 술라~!

급기야 원로원은 마리우스 대신 술라를 집정관에 임명하지.
너희들 하는거 봐서.
흠~
같은 귀족이니 잘봐주슈.

마리우스는 이런 술라를 시기했어.
저런 애송이에게.... 감히 내 자릴 빼앗기다니!.
잉 잉
어디 두고보자! 억울해
술라 미워~

얼마 뒤 로마는 소아시아에 있는 폰투스의 왕 미트리다테스에게 전쟁을 선포하는데
감히 로마 속주의 시민들을 허락도 없이 멋대로 했단 말이지!
전쟁이다!
척~
이크

술라는 지휘관으로 임명되어 소아시아로 떠나게 되었지.

자신이 떠난 후 마리우스가 집정관에 올라 로마를 다시 뒤흔들자
기회가 왔다 술라를 몰아내자!

술라는 군대를 이끌고 로마로 되돌아왔지.
나를 모욕하면
어떻게 되는지 똑똑히 보여주마!

아프리카로 추방당하지.
폐허가 된 이 땅이, 그 유명했던 도시 카르타고인가…

마리우스와 술라는 전투를 벌이고

결국 술라에 패한 마리우스는
반역자! 당장 로마를 떠나라!
분하다

술라가 다시 미트리다테스 왕과 싸우기 위해 소아시아로 가자 로마에는 평민들의 지지로 집정관에 오른 킨나가 귀족들을 상대로 싸웠어.
킨나
자기 잇속을 챙기는 나쁜 귀족들을 몰아내자!
귀족을 누르고 정권을 장악하기 위해서야.
와~

귀족들은 이런 킨나를 추방했어.
추방이다!
두고보자!

하지만 킨나는 포기하지 않고
마리우스님 제발 지도자가 되어 주세요.

마리우스를 데리고 로마로 돌아오는데

마리우스는 술라가 없는 틈을 타 자신을 내쫓은 귀족들에게 복수를 결심했지.
피로써 복수 해주마!

술라와 관련된 이들은 단 한 명도 살려 두지 않았지.
살벌하군!
술라의 처와 자식들도 추방시켰지.

그리고 그들을 하나씩 찾아내 무자비하게 죽였어.
으악~
크헉~

마리우스의 피의 복수는 멈추지 않고 계속 되는 듯 했지만

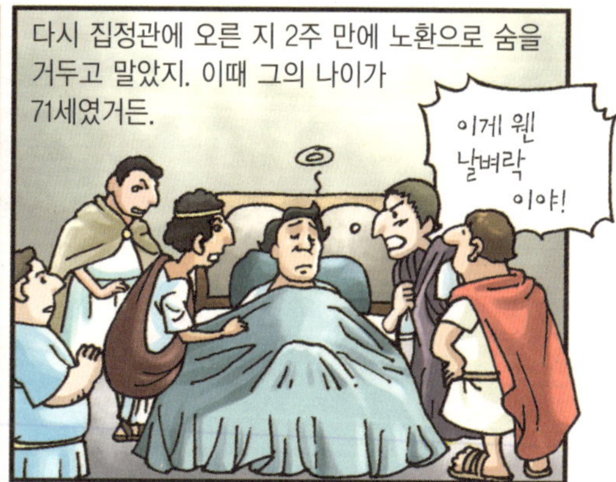
다시 집정관에 오른 지 2주 만에 노환으로 숨을 거두고 말았지. 이때 그의 나이가 71세였거든.
이게 웬 날벼락 이야!

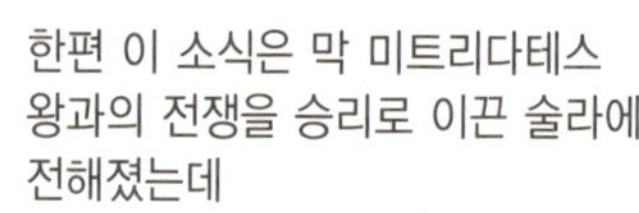
한편 이 소식은 막 미트리다테스 왕과의 전쟁을 승리로 이끈 술라에 전해졌는데

두둥
뭣이! 로마에서 그런일이...

내가 로마를 위해 싸운 대가로 내 아내와 자식은 쫓겨났고
나의 집은 불태워 졌으며 나를 친구로 여기던 자들은 모두 죽었다.
나는 이런 짓을 한 자들을 용서할 수 없다.

그래서 지금 로마로 돌아가
그들에게 처절한 피의 보복을 하겠다.

제군들이여 나를 따를 것인가!
와아~
마리우스 일당의 개가 될 것인가~
와
와아~

와
와
와
술라장군
만세~~~
우리는 영원히
술라장군을 따를
것입니다!

이 소식이 로마에 알려지자 로마는 두려움에 떨고 있었는데
오~ 이 일을
어쩐다냐?
술라가 끔찍한 피의
보복을 다짐했기
때문이지.
결국 술라는 마리우스 일당을 물리치고

로마의 독재관이 되었어.
찾을수 있는
모든 적을
찾아내어
처단하라!
그는 먼저 자신의 독재관
임기를 자기가 원할 때까지
할 수 있도록 법을 바꾸었지.

마리우스의 지지자들을 찾아내
모두 잔인하게 죽였어.

그리고 마침내 피의 복수가 시작 되었지.

술라의 무시무시한 살인 행위가 멈추지 않자
원로원
이미 마리우스의
지지자들은
다 죽고 없는데
아직
더 남아
있소…?

궁금하면
살생부라도 만들어
보여주지.
좋아!

다음날이 되자
이…
이럴수가!

술라는 정말로 살생부를 만들어 광장에 내 걸었어.
쾅
쾅
?
?

살생부
두
둥

로마인들은 불안에 떨면서 명단을 확인
해야 했지.
살생부

명단에 있는 자들은 몸을 숨기거나
피해 달아나기에 바빴지.
큰일났다
내이름이
명단에…
걸음아
나 살려~
앗

명단에 없는 자는
뛸 듯이 기뻐했지만
야호~
살았다!
와
와

이 끔찍한 행위는 이탈리아 전역에서 자행되어 수천 명의 목숨을 앗아갔어.
살생부의 명단은 매일매일 바뀌었는데!

술라는 독재관의 자리에 있는 동안 무소불위의 권력을 행사 했어.

왕은 아니었지만 실제로는 왕과 같았지.

그런 그도 기원전 79년
더 이상 흥이 안 나는군…
모든게 귀찮아.

독재관에서 물러나 은퇴하는데
고향으로 돌아가야 겠다!

이듬해 자신이 태어난 고향집에서 생을 마감하지.
술라의 묘비명에는 '동지에게 술라보다 더 좋은 일을 한 사람이 없고, 적에게 술라보다 더 나쁜 짓을 한 사람도 없다' 라는 문구가 새겨 졌어.

이렇게 살았어요

키비타스

로마의 시민들

고대 로마에서는 부모가 모두 로마의 시민이어야만 태어나자마자 시민권을 얻을 수 있었어. 그러다 나중에는 장군과 황제가 시민권을 부여하기도 했지. 그 로마의 시민권을 키비타스라고 한단다. 기원전 3세기가 되면 평민도 귀족처럼 투표를 할 수 있는 권리가 생겨. 하지만 재산을 가진 사람만이 로마의 민회에 참석할 수 있었기 때문에 투표권의 가치가 달랐어. 키비타스는 선거를 할 수 있는 권리, 군대를 갈 수 있는 권리를 포함했지만 이런 권리도 재산을 가진 사람들의 것이었어. 로마와 조약으로 맺어진 동맹시들은 시민권을 누리지 못하고 군대를 가거나 세금을 내야했어. 그래서 동맹시들에서 여러 차례 반란이 일어났지. 그리고 결국에 시민권을 얻어내게 됐지.

세계사 상식

군의 역사

군대는 국가가 커지고 무기가 진화하면서 계속 변해왔어. 원시시대에는 전투 요원, 비전투 요원이 나뉘어 있지 않았어. 어른이나 아이나 모두 전투에 참여했지. 그후 사회가 커지고 복잡해지면서 전문적인 전투를 벌일 요원이 필요하게 된

거야. 고대 그리스에서는 시민이면 바로 전사였지. 대표적으로 스파르타군을 들 수 있어. 스파르타에서는 20세부터 60세까지의 남자들은 모두 군인이었지. 아테네 같은 곳에서는 돈을 주고 사는 용병이 있었어. 용병 중에는 맨 앞에서 싸워야 하는 노예용병들도 있었지. 봉건시대가 되면 기사단 중심으로 국왕 군대가 성립되고 주로 귀족들이 담당했어. 16세기가 되면 비로소 유럽에 상비군이 생기는데, 막대한 급료 때문에 절대 군주가 몰락하고 말아. 그러다 20세기에 들어서 무기의 종류가 다양해지고, 화력이 막강해지면서 전에는 상상할 수도 없었던 군사력을 갖추기 시작했단다.

꼭 기억해둘만한 인물

술라와 프로스크립티오

고대 로마에서는 죄를 확정받은 사람들의 명단을 게시했어. 이것을 프로스크립티오라고 해. 명단에 실린 사람들을 살해하거나 고발하면 상을 내렸고 숨겨주는 사람들에게는 벌을 내렸지. 범법자들의 재산은 전부 몰수했고, 자식, 손자들은 영원히 공직이나 원로원에서 일을 할 수 없었어. 이런 범법자 명단의 게시는 독재관 술라가 처음으로 이용했어. 기원전 87년과 82년에 마리우스 가문 사람들을 포함해 자기 적이라고 생각하는 사람들 4,700명의 명단을 공개했어. 그들의 토지를 모두 빼앗아 퇴역한 병사들에게 나누어 주었단다.

술라 로마의 독재관이 되다.

난 검투사 미로다. 덤벼~!

앞이 잘 안보여 …

3. 스파르타쿠스의 난 -로마를 뒤흔든 노예들

검투사는 뭐하는 직업이지?

기원전 1세기 무렵 로마는 노예들이 실제적인 생산 활동을 담당하고 있었는데

로마인들은 사람이 사용하는 도구를 세 가지로 보았는데!

수레나 삽처럼 소리를 내지 못하는 도구.

소나 말처럼 소리를 내는 도구.

그리고 노예처럼 말하는 도구.

아에 이오우..

말하는 도구

노예가 수레나 가축과 다른 점은 '말할 줄 안다'는 것뿐이네!

사람을 도구로 보다니.

갈수록 첩첩산중 이네...

당시 이탈리아에는 총인구 450만 명 중에 150만 명이 노예였다고 해.

여기서
잠깐
검투사에
대해
알아볼까?

대부분 전쟁포로나 노예, 죄인들이었고
넌
누구냐?

간혹 여성검투사도 있었지.

노예 가운데 체격이 좋고 건강한
자들을 골라

검투사 훈련소에서 창,칼 방패등 무기를 다루는 법과 싸움기술을 익혀
차
창
창
창

구경꾼들이 보는 앞에서 서로 죽음을 걸고 싸우는 자들이었어.
챙
챙
챙

또 이를 즐기는
놀이를 '검투'라
했어.

검투사는 상대방이 죽을 때까지 싸워야 했지.

쓰러진 상대는 관객의 뜻에 따라 죽일 수도 살릴 수도 있었고
엄지손가락을 올리면 살리라는 뜻이고 내리면 죽이라는 뜻이야.

검투사들은 대개 같은 검투사 끼리 싸웠지만

가끔은 표범이나 사자, 곰 등 사나운 맹수와도 싸워야 했어.

까악! 맹수와 싸우다니!
와
와
와
눈 감아! 아이들은 관람금지야!

거대한 원형극장에 모인 수천 명의 구경꾼은
피가 난무하는 처절한 검투사 경기를 보며
흥에 겨워 환호성을 질러댔지.
와아아
와아
와아아

트라키아 출신인 스파르타쿠스는
전쟁 포로로 로마로 끌려왔는데

카푸아의 검투사 훈련소로
팔려갔어.
검투사 훈련소

그곳의 잔혹한 생활을 견딜 수
없었던 그는
우리는
인간의 삶을 살고 싶어!

기원전 73년, 78명의 동료들과 함께
훈련소를 탈출했지.

베스비오스 산으로 도망 친 이들은

이곳에서 진지를 쌓고 세력을 키우는데

기원전 72년에 반란군은 12만 명으로 늘어났지.

와~

그 기세가 하늘을 찔렀단다.

더욱이 저들 중에는 전문 싸움꾼들이 많아 전투력도 상당했겠는데!

맞아! 그들은 보잘 것 없는 무기로 반란을 진압하러 온 로마군을 단숨에 무찔렀어.

북이탈리아의 포 강가에 이르렀는데
자, 여기서부터 너희들은 살았던 고향으로 돌아가라.

로마를 쳐서 우리의 뜻을 실현합시다.
우리는 돌아가지 않겠소!

다시 로마로 진격한 그들은 세 번째로 로마 군대를 쳐부수지.

로마는 두려움에 벌벌 떨었지.
오오… 한니발의 재현인가…!

그러나 기원전 71년, 이들의 적은 뜻하지 않게 내부에 있었는데
같이 싸우기로 맹세했던 그리스 인들이 약속을 어기고 배반한거야.

도망친 5천여 명도 폼페이우스가 이끄는 부대에 몰살당하고 말았지.

포위망에 걸려든 일당은 결국 크라수스가 이끄는 로마군에 패하면서 반란은 진압당하고 말았어.

그 십자가 행렬은 무려
십여 킬로미터에 달했다고 해.

로마의 십자가
형벌은
너무 끔찍해...

본보기로
삼으려는
의도였군

스파르타쿠스와 그 일당은 3년 동안 무적의 로마군과 팽팽히 맞서 싸운 영웅적인 투쟁으로 당시 로마의 지배를 받던 사람들의 가슴 속에 희망과 용기를 불어넣기에 충분했지.

그의 이름이
전설처럼 내려오며
역사에 기록된 것도
아마도 그런
이유에서 일거야.

우리도
할수 있다

하면된다

이렇게 살았어요

베나티오네스

베나티오네스

고대 로마에서는 동물들끼리 싸우거나, 맹수와 검투사들이 싸우는 시합을 즐겨 구경했지. 이것을 베나티오네스라고 하지. 이런 구경거리에 동원된 사람들은 포로, 범죄자, 검투사들이었어. 기원전 2세기에 검투의 하나로 시작한 베나티오네스는 로마 시민들의 인기를 독차지했어. 얼마나 인기가 있었으면 사냥꾼들이 사자, 곰, 황소, 하마, 표범, 악어를 찾아 전세계를 헤매고 다녔을 정도였어. 이렇게 잡아온 맹수들은 구경거리가 된 다음 죽임을 당했는데 원형 경기장 준공식 날 행사에서 죽은 동물의 수가 9천 마리가 넘었다고 해. 이런 광경은 당시의 동전, 모자이크나 무덤에 그려져 남아 있어.

세계사 상식

서양 의학의 뿌리

서양의 의학은 마법에서 시작되었어. 초기의 철학자들은 초자연적인 힘에만 의존하지 않고 여러 가지 자연현상의 원인과 이유를 찾으려고 했지. 그들은 건강을 유지하는 것은 4가지 체액이 조화를 이루기 때문이라고 믿었어. 그러다가 '의

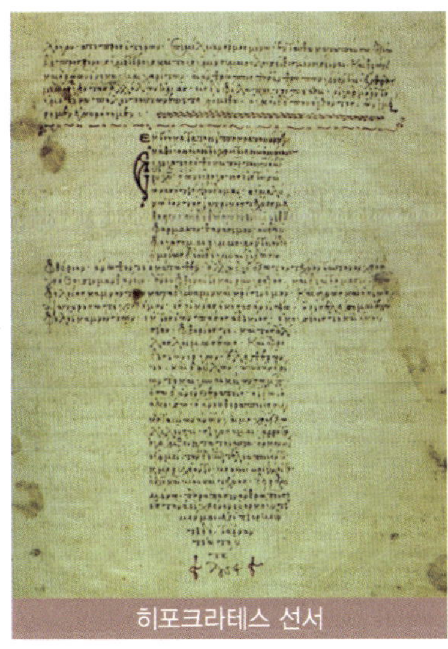
히포크라테스 선서

히포크라테스

학의 아버지'라고 불리는 히포크라테스가 등장해. 그의 등장으로 의사들은 질병의 원인을 찾기 시작했지. 그리스 문화의 중심지가 알렉산드리아로 옮겨지면서 에라시스트라토스라는 위대한 의학자가 처음으로 해부학 관련 책을 남겼어. 그 이후 몇 세기에 걸쳐 그리스 의사들이 로마로 이주했는데 그중에서 갈레노스라는 의사는 해부학을 강조하여, 인체 해부가 금지되어 있던 당시에 동물들을 관찰해서 지식을 쌓았지. 로마는 그리스의 의학이론에 비해 역사적인 공헌이 작지만 공중 보건에 대한 태도나 처리가 뛰어났던 나라야.

4. 로마의 정권 투쟁 – 제1차 삼두정치

거대한 로마는 지금 강력한 지도자가 필요하다!

로마의 위대한 인물 카이사르 장군이야.

술라가 죽은 뒤 로마는 새로운 문제로 골치를 앓았는데

아고 골치야!

곧 해적들은 해안의 지배자로써 로마인들에게 공포의
대상이 되었어.
무서워서...
바다엔 근처도
안 간다고...

마침내 로마는 해적과의 전쟁을 선포하고
로마의
이름으로
해적을
소탕하리~

그 적임자로 그나이우스 폼페이우스 스트라본을
사령관에 임명하는데
해적은
내가 맡지!

지중해를 13구역으로 나눈 폼페이우스는 각각의
구역에 함대를 보내 해적을 소탕하게 했어.

폼페이우스는 지브롤터 해협까지 나아갔다가 돌아오는 길에 해적선을 발견하고
해적선이
나타났다!
들키지 않게!
뒤를 쫓아가라!

마침내 해적단의 본거지를 알아내고
여기 다 모여 있었군.

즉각 지중해 전역에 흩어져 있던 함대를 모아 포위하였지.
모조리 소탕하라!
쏴아아

수많은 해적선이 불타고 수천 명의 해적들이 죽어갔어.

살아남은 해적들은 항복했지.
무조건 항복!

기적 같은 해적소탕의 업적은 폼페이우스를 최고의 인물로 올려놓았지.
와
와
최고다 폼페이우스!
폼페이우스 만세~!

41일 만에 해적들은 지중해에서 사라졌어.
하 깜짝 같네
이제 마음놓고 무역을 할 수 있겠어.

뒤이어 그는 동방원정을 떠나 시리아의 셀레우코스 왕조마저 멸망시키는데

로마로 돌아왔을 때 그는 시민들의 성대한 환영을 받았지.
폼페이우스!
장군 만만세!

폼페이우스가 대중의 인기를 독차지 하고 있을 즈음
로마의 대부호 마르쿠스 리키니우스 크라수스는 많은 재산을 이용한 씀씀이로 인기를 끌고 있었는데
성대한 파티를 열고
돈이 필요한 자에게 돈을 나눠 주라!

그는 사실 로마를 지배하고픈 야심으로 가득 찬 인물이었지.
다 숨은 뜻이 있어서야 …

때마침 좋은 기회가 찾아왔는데
노예 스파르타쿠스가 난을 일으켰다.
뭣이

크라수스가 이 반란을 진압하자 로마에서 그의 인기는 하늘을 찔렀어.
와
와
오예~ 떴다!
인기 좋고!
와
와

*안찰관 : 원래는 호민관의 직무를 돕는 2명의 평민으로 된 관리였지만 신전·제의·감옥의 관리 및 공공건축물·문서 등의 관리를 맡았다.

카이사르는 이런 멋진 경기를 대중에게 선사하고 인기를 얻게 되었지만
와

나중에는 빚더미에 앉아 빚쟁이들에게 시달렸어
비켜라 스페인에 가야해!
절대로 못가!
내돈 내놓고 갈테면 가!

원로원의 견제로 뜻을 제대로 펴지 못하고 있던 폼페이우스와 크라수스는
난 평민 편이라 원로원은 나를 싫어하지.
난 눈치가 보여서

에스파냐에서 돌아온 카이사르의 중재로 셋이 만남을 가졌지.

로마의 원로원은 썩었소!
안으로 반란과 투쟁이 끊이지 않는 것이 그 이유지!

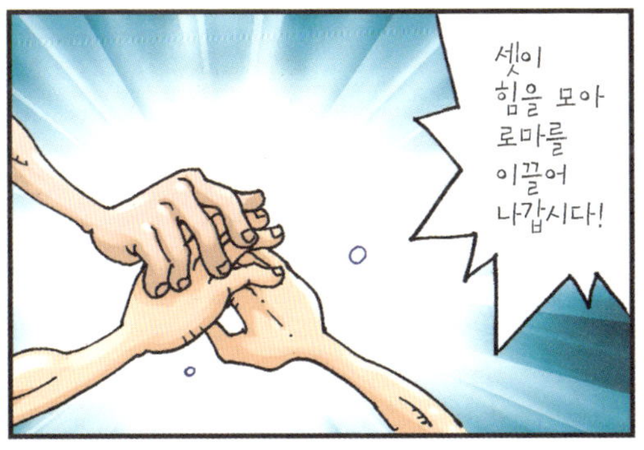
셋이 힘을 모아 로마를 이끌어 나갑시다!

좋소!
우리가 힘을 합치면
원로원도 어쩌지 못하지!

이렇게 해서 기원전 60년 그 유명한 제1차 삼두정치가 시작되었지.
화이팅 아자!
잘해 봅시다!
저들은 머리 세 개 달린 괴물일 뿐이야!
흥!
이제 원로원은 종이호랑이나 다름없었지.

카이사르의 중재로 로마는 세 힘의 균형이 맞추어졌지.

하지만 카이사르에게는 더 높은 이상이 있었으니...
군을 장악하는 자가 권력을 차지할 수 있다.

이듬해 카이사르는 집정관 자리에 오르게 되었지.

카이사르는 갈리아 원정을 계획하고
장기간 로마를 비워야 할텐데 폼페이우스가 배신이라도 하는 날엔...
딸 율리아를 폼페이우스에게 시집보내지.
나보다 서른 살이나 많아...
웬지 쑥쓰럽군.

정략결혼으로 둘 사이는
더욱 돈독해 졌지.
~사위~
! 장인

이제 안심하고 갈리아원정을
떠날 수 있겠다.

그러나 카이사르의 갈리아 원정이 한창이던
기원전 54년에 율리아가 죽고
아기를 낳다가
죽고 말았어.

이듬해에 크라수스가 동방원정을 떠났다가 그곳에서 전사하자

삼두정치는 균형이 깨지고 결국 폼페이우스와
카이사르는 적으로 맞서게 되었지.
폼페이우스가
예상대로
배신하는군.
공화정 법을
어기고 왕이
되려한다면
카이사르는
더 이상 친구도
아니다!

이로써 제 1차 삼두정치 시대는 종말을 맞게 되었어.

이렇게 살았어요

베누스

보티첼리의 〈비너스의 탄생〉

고대 이탈리아의 여신으로 흔히 비너스라고 불러. 로마인들은 베누스 여신을 그리스의 사랑의 여신 아프로디테와 똑같이 여겼어. 로마인들은 아주 오래 전부터 베누스를 섬겼어. 라비니움과 아르데아에는 신전이 있었고, 그곳에서 제전이 열렸어. 신화에 등장하는 베누스는 여러 가지 여성적인 특성과 관련이 있는데 특히 여성과 소녀의 순결을 보호하는 일을 맡았다고 해. 많은 가문들이 베누스의 후손이라고 주장했고, 시민들은 물론 황제들에게도 계속 인기 있는 신이었어. 135년에 하드리아누스 대제는 로마에 베누스 신전을 완공하기도 했지. 베누스는 사랑이나 여성의 아름다움과 관련이 있었기 때문에 고대부터 좋은 예술의 주제가 되었어. 그 중에서 〈밀로의 비너스〉라고 알려진 조각상과 보티첼리가 그린 〈비너스의 탄생〉은 가장 뛰어난 작품으로 알려져 있어.

세계사 상식

카레 전투

3인 집정관이었던 크라수스는 폼페이우스와 카이사르에 맞먹는 명성을 얻기 위해 약 4만4천 명의 군대를 이끌고 메소포타미아에 쳐들어갔어. 그 당시에 메소포타미아는 한 파르티아 귀족이 방어하고 있었어. 하지만 크라수스 군대가 지나

갈 길을 알고 있던 파르티아 병사들은 그의 부대를 덮쳐 막대한 피해를 입히고 말았지. 이미 1,000마리의 아라비아 낙타군단을 준비해둔 수렌인들을 물자가 부족해진 크라수스 군대가 당해낼 도리가 없었지. 이 전투에서 1만 명의 로마인들이 달아났지만 대부분 생포되거나 살해당했지. 이 와중에 크라수스도 사로잡혀서 죽임을 당하고 말았어. 크라수스의 죽음으로 로마의 동쪽 지역은 심각한 피해를 보고 말았단다.

수렌의 장군상

꼭 기억해둘만한 인물

크라수스

크라수스

크라수스에 대해서 좀더 알아볼까. 그는 로마 공화정 말기에 카이사르, 폼페이우스와 함께 3두 정치를 이끌었던 정치가야. 기원전 60년대에는 폼페이우스가 해외의 전투에서 승리를 거두고 있었어. 그때 크라수스는 로마에 머물면서 많은 추종세력을 만들었지. 엄청난 부자였던 그는 모은 재산을 이용해서 원로원 의원들에게 큰 돈을 꾸어주었어. 그 당시 젊은 카이사르에게도 많은 도움을 주었지. 3두 정치를 했지만 때로는 폼페이우스의 세력을 약화시키려는 움직임을 지지하기도 했고, 어떤 때는 3두 정치를 유지하기 위해 그와 화해를 하기도 했어. 시리아 총독 시절, 그는 공을 세우기 위해 동쪽의 파르티아를 침공했지만 전투에서 패배하여 목숨을 잃고 말았어.

갈리아를 정복하고 로마 제국의 힘을 증명하리.

5. 카이사르의 갈리아 원정 -권력을 향한 길

갈리아는 어디쯤이지?

카이사르의 정복전쟁이 본격적으로 펼쳐진다고.

브리타니아

게르마니아

키베롱만

알레시아

갈 리 아

이탈리아

히스파니아(에스파냐)

로마

처음 원로원으로부터 하사받은 땅은 쓸모도 없는 황무지 땅이었지만
내 주민이 고작 돼지와 소 뿐이라니

민회에 호소한 카이사르는 결국 일리리쿰과 갈리아키살피나를 받았어.
키베롱만
알레시아
갈리아 키살피나
갈리아트란살피나
이곳을 다스리며 주변지역을 하나씩 정복해갔지.

기원전 58년 게르만 민족의 이동을 통제한다는 사소한 구실로 갈리아 원정을 단행하는데
갈리아로 진격하라!

사실은 다른 의도에서 비롯되었지.
갈리아를 정복하면 로마에서 내 지위를 따라 올 자가 없을 거야.

총 4개 군단을 이끌고 정복의 길을 나선거야.
카이사르가 떴다!

당시 이 지역에는 울창한 숲과 늪, 하천이 많았지.

갈리아지방은 라인 강을 경계로 서쪽으로 펼쳐진 서유럽을 말해.
갈리아(프랑스)
지금의 프랑스, 벨기에지

세력이 큰 부족은 10개가 넘었고 총 100개가 넘는 부족들이 활개치고 있었어.

이들은 서로 다른 말을 쓰는 민족이었지만
쏼라~ 쏼라~
??

로마는 이들을 갈리아인으로 통칭했지.
너도 갈리아,
너도 갈리아

헬베티족과 치른 바르라크데 전투를 시작으로

갈리아 원정의 막이 오르지.

이어 게르만족의 아이오비스투스가 이끄는 수에비족과 맞섰는데

카이사르는 그를 게르만인의 왕으로 묘사했어.

아이오비스투스가 이끄는 게르만족은 덩치가 크고 무기를 다루는 솜씨도 능숙했는데

갈리아 지방에 쳐들어와 갈리아인을 몰아내고 많은 게르만 부족의 마을들을 세웠어.
와
와-아

카이사르는 아리오비스투스에게 먼저 평화협상을 제안하지만
폭력이 싫으니 좋게 말로 합시다.

당신이 죽으면 로마 원로원과 많은 귀족들이 기뻐할 것이오.
뭣이!

평화협상은 결렬되었고 결국 양군이 전쟁에 돌입하는데
결전!

전투는 베손티오 근처 알자스 지방에서 벌어졌지.

게르만인들은 용맹히 맞서 싸웠지만

창
창

로마군이 게르만족의 약한 좌익을 공격하자
급격히 전열이 무너져 내렸지.

이때 카이사르의 병력은 원로원이 인정한 4개 군단과 그가 자비로 편성한 4개 군단을 더해 5만7천 명의 병력을 보유하고 있었지.

로마군은 행군 중에 네르비족의 기습을 받았어.
와~아

로마군은 침착하게 반격에 들어갔고
어딜

끈질긴 공격을 이어간 끝에

이 호전적인 네르비족을 굴복시켰지.
끝!
항복

기원전 56년에는
브르타뉴 남부에 살던
베네티족이 반란을
일으키는데

베네티족은 뛰어난 항해술로

대서양 일대에 위세를 떨치던 강력한 해상 부족이었어.
바다 위에선
우리를 당할 자
아무도 없다!

베네티족의 220척의 배들이 접근해 오자

로마해군은 키베롱 만에서 그들과 해전을 벌이는데
충각으로 공격!

촤아아~

베네티족의 배는 매우 튼튼해서
쾅
앗싸!

로마 해군의 주요전술인 충돌로는 파괴되지 않았어.
멀쩡
멀쩡하잖아…
이게 어찌된 영문이지?

로마는 작전을 바꿔 긴 장대에 갈고리를 매달아 적선의 가죽 돛과 연결된 밧줄을 낚아 채는 전술로

돛을 쓰러뜨리고 전선에 옮겨 타 백병전을 펼치는 작전으로 베네티족의 반란을 진압했지.
로마의 중갑보병이다.
와아~

이듬해인 기원전 55년
카이사르는
BC
55년

갈리아 지방의 로마 통치지역을 공격하던 게르만 부족인 수에비족을 쫓아 라인강에 도착했어.

수에비족은 그곳을 헤엄쳐서 건너거나 작은 배로 건너갔지.
앗싸!

로마의 대병력은 그런 방법으로는 건널 수 없었던 터라
강이다!
어떻게 건너지?

카이사르는 누구도 상상 못한 방법으로 강을 건너는데
바로 라인 강 위로 다리를 놓았지.

명령이 떨어지기 무섭게 로마 군대는 신속히 다리건설 작업에 들어갔지.
다리를 건설하라!

단 열흘 만에 거대한 다리가 만들어졌어.

이 다리를 통해 카이사르가 강을 건너자

수에비족 사람들은 숲 속으로 도망쳐 들어갔지.
저..
저럴수가...
숨자!

수에비족을 몰아낸 카이사르는 이번에는 도버해협을 건너 로마인 최초로 브리타니아를 침공하는데
지금의 영국 땅을 말하지. 하지만 1차 원정은 실패를 하고 말았어.
브리타니아
닥치는대로 정복하라~

다음 해에 한차례 더 브리타니아 원정을 시도 했어.
이번엔 반드시 정복하리라!

브리타니아인의 전술은 주로 게릴라전이었는데

전차를 타고 적진 속으로 파고든 후 전사들을 내려 싸우게 하고

마부들은 전차를 다시 후방으로 몰고 가 대기하다가

전황이 불리해지면 전사들을 태우고 전차로 도망치는 것이었지.
이 전술은 기병의 기동력과 보병의 전투력을 함께 발휘하기 위함이었지만
좋은 작전인데!..

전차부대는 로마군에 참패를 당하며 뿔뿔이 흩어지고말았어.
하핫 도망치냐!
저놈들 세다!

브리타니아 원정은 군사적으로는 큰 성과가 없었지만 선전효과는 대단했는데!

로마 시민들은 브리타니아라는 미지의 땅에서 신화적인 승전을 올린 카이사르에 열광했지.
역시 카이사르는 달라!
로마의 영웅이야!

그러나 원로원은 갈리아 밖에서 행동하는 카이사르에게 분노했어.
카이사르는 불손한 의도로 정복전쟁을 하고 있다.
맞아요.

뒤에 브리타니아는 로마의 속주로 400년간 지배를 받게 되지.
로마땅

브리타니아에서 돌아오는 도중에 폼페이우스와 정략 결혼한 딸 율리아가 해산 도중에 죽고 아기마저 사산했다는 소식을 접하고
오 율리아…
불쌍한 내 딸…

이후 카이사르는 갈리아 부족의 반란을 진압하는데 세월을 보내는데
에잇! 받아라!
앗!

기원전 52년 아르베르니 족장 베르킨게토릭스가 로마에 대한 대규모 반란을 일으켰지.
와 와 와
강력한 로마와 싸워 이기려면 흩어진 부족이 모두 연합해 대항해야 한다.

젊은 베르킨게토릭스는 강력한 지도력으로 갈리아 부족을 규합하는데 성공하지.
뭉치면 살고 흩어지면 죽는다!

로마군과 싸워 여러 차례 큰 승리를 거둔 베르킨게토릭스는
이정도야.
봤지?

그러나 결정적인 실수를 저지르고 말았는데
내가 너무 자만했던 거야.

진격해오는 로마 군을 공격했다가 전술에 휘말려 패퇴하고 말았지.
후퇴닷!

결국 베르킨게토릭스는 알레시아의 요새로 물러나야 했어.
여기가 최후의 방어선…
더이상 갈 곳이 없어.

베르킨게토릭스는 알레시아에서 구원병을 요청하는 한편 강력한 항전을 준비했는데
로마에 맞서
최후의 한 명까지
죽을 각오로
싸울 것이다.

방벽을 겹겹이 쌓고 그 아래에는 깊은 도랑을 팠어.

이에 카이사르도 요새를 에워싸고 포위전을 준비했지.

도랑과 울타리 함정을 팠지.

또 갈리아 지원군을 막기 위해 요새를 둘러싼 방어망을 설치하는데
베르킨게토릭스는 갈리아
지원병 25만 명으로 로마군
요새 바깥쪽을 에워싸고
7만 명의 로마군을 공격하기
시작 했어.
로마군 요새
알레시아 요새
갈리아군

압도적인 병력의 열세의 로마군은 티누스 라비에누스 장군의 지휘로 힘겨운 방어를 거듭하고 있었지.
와-
와-
완전 인해전술이군!

나흘째 되는 날 카이사르는 반격에 나서는데
진격하라!

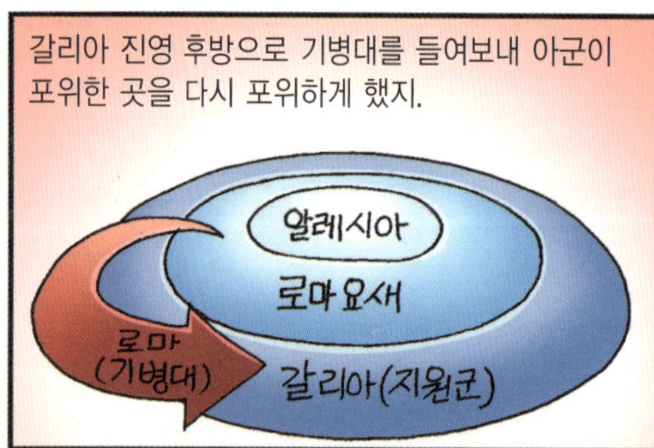
갈리아 진영 후방으로 기병대를 들여보내 아군이 포위한 곳을 다시 포위하게 했지.
알레시아
로마 요새
로마 (기병대)
갈리아(지원군)

이 전술은 절묘하게 성공하며 갈리아 지원군을 격퇴했지.

마지막 항전이 수포로 돌아가자 베르킨게토릭스는 자진해서 무기를 버리고 로마군에 투항했어.
항복이요, 당신이 이겼소!
갈리아

카이사르의 포로가 된 베르킨게토릭스는 로마로 압송되어 감옥에 갇혔고
로 마

그 후 기원전 46년 로마에서 카이사르의 개선식에 공개처형되었어.

이렇게 살았어요

갈리아

갈리아는 지금으로 보면 프랑스, 벨기에, 독일, 이탈리아의 일부가 해당하지. 갈리아인들은 지주계급의 지배를 받으며 부족을 이루어 살고 있었어. 기원전 5세기에 지중해쪽으로 내려오기 시작해서 북부이탈리아를 지나 밀라노에서 아드리아 해안에 걸쳐 자리를 잡았어. 기원전 390년에 갈리아인들이 로마 시에 쳐들어가 약탈을 일삼자 로마인들은 그들을 정복하기로 마음먹었어. 기원전 2세기경 로마가 프랑스 남부까지 영토를 넓힐 즈음에 갈리아인들은 남프랑스 해안지방의 상업을 장악하고 있었지. 일부 지역을 이미 점령하고 있던 로마는 카이사르의 공격으로 나머지 갈리아 지방을 모두 점령해버렸어.

세계사 상식

갈리아 전기

로마 정치가 카이사르가 쓴 전쟁기록문학이자 역사서로 유명해. 카이사르가 갈리아의 총독이던 시절 군사활동을 책으로 쓰기 시작했어. 카이사르의 목적은 사실 자신에게 쏟아지는 비난을 변명하기 위해 이 책을 썼던 거

갈리아 전기의 한 장면(가운데가 카이사르이다)

야. 이유야 어쨌든 이 책에 쓰인 글들은 후세의 역사가들이 자주 인용하는 좋은 라틴어 문장이라고 평가받았어. 게다가 프랑스, 영국, 독일의 역사적 상황에 대한 가장 오래된 사료를 담고 있기도 하지. 총 8권으로 이루어진 책 중 제7권은 특히 문학작품으로서도 그 가치가 매우 높다고 해. 제8권은 부관인 히르티우스가 쓴 것으로 카이사르가 갈리아에서 한 일들이 쓰여 있어.

꼭 기억해둘만한 인물

폼페이우스

카이사르와 폼페이우스

로마 공화정 말기의 위대한 정치가이자 장군이야. 로마의 3두정을 이끌었던 사람 중의 한 명이지. 그는 카이사르와는 둘도 없는 친구였지만 나중에 적이 되었어. 폼페이우스는 수많은 반란을 진압하고, 로마 영토의 기틀을 잡고, 소탕한 해적들을 정착시켜 소아시아 경제를 살찌웠어. 결단력 있고 존경받는 지도자였지만, 그는 카이사르와의 운명적인 대결에서 패하고 말았어. 로마 전체 역사를 통틀어서 손으로 꼽아도 될 정도로 뛰어난 인물이었지. 제국에 대한 포부도, 누구보다도 부자였지만 청빈하게 살았던 태도도, 탁월한 행정가로서의 손색없는 인물이었지만 역사적 대결에서 패한 인물로 더 알려지고 말았지.

6. 로마 내전의 종결
-카이사르의 집권

마침내 8년간의
긴 갈리아 원정이
끝났다.

카이사르는
역시 위대한
장군이야.

카이사르의 알레시아 전투의 승리는 역사상 가장 큰 업적으로 기록되었어.

마르크스 카토는 사사건건
카이사르에 반대하는 말을
서슴없이 한 인물이야.
로마는 그를
반역자로 여겨야
할 것이오.

그가 싸운 것은
로마를
위해서가
아니라
스스로
부를 축적하기
위해서지요.
이 사람도 만만치
않는데

원로원은 카이사르와 맞설 인물로 퇴역한
폼페이우스를 지목하고
당신이
적임자요.

그를 설득해 카이사르에 맞서게 하지.
폼페이우스
이대로 가다간
카이사르가 로마를
차지하고 말거요!
허나 친구를
배신할 수
없는 노릇이지...

기원전 50년 폼페이우스는 마침내 카이사르와 맞설 것을 결정하는데
카이사르가
루비콘 강을
군대와 함께
넘는다면
법을 어긴
반역자이며
로마의 적이다.

이런 중에 카토는 카이사르에
서한을 보냈는데
로마로부터 온
서한입니다.
서한?
원로원이 카이사르를
갈리아 속주에서 파면 조치하였고
로마에 돌아와 죄에 대한 벌을
받으라는 내용이었지.
결국 폼페이우스마저
공화정 편에 붙은거군…

마침내 카이사르가 한 개의 군단을 이끌고 루비콘 강가에
이르렀어.
루비콘 강: 로마 북쪽으로 약 300킬로미터에 위치.
옛 로마의 국경으로 작은 강이라 오늘날 그 위치가
어디인지 알 수없는 강

장군 이 강을 넘기 전에 결
정하셔야 합니다.
이미 주사위는
던져졌다.

카이사르는 빠른 속도로 남쪽으로 진격했지
진격하라!

이 소식을 접한 폼페이우스는 로마를 떠날 것을 결정하는데
각지에 흩어진
내 군대가 집결할
시간을 벌어야 한다.

로마시민은 모두 로마를
떠나라!
로마에 남는 자는
카이사르와 함께 반역자로
내몰릴 것이다.

그리하여 기원전 49년 1월 17일 상상조차 할 수 없던 일이 벌어졌는데 세계를 거침없이 호령하던 제국의 수도 로마가 버려졌지.
썰~렁

로마에 들어선 카이사르를 맞이하고 있는 이가 있었으니
어서 오세요! 아버지.
잘 지냈느냐! 옥타비아누스.

카이사르는 누이의 딸 아티아가 낳은 아들을 양자로 삼았는데 바로 훗날 로마 최초의 황제에 오르는 옥타비아누스였어.

카이사르는 먼저 이탈리아에 있는 반대파를 쓸어 내고
윽
감히 날 거부해.

폼페이우스의 지지자는 다 죽어야 한다.
뻥

폼페이우스를 뒤쫓기 시작한 카이사르에게 문제가 하나 있었는데 카이사르의 병사들은 오랜 싸움으로 서서히 지쳐갔고
어쩌면 좋지…

카이사르로부터 부귀영화를 약속받았으나 그들은 여전히 빈손으로 군단 전체가 반란의 조짐마저 감돌고 있었지.
약속한 대가는…
그게…

상황은 카이사르를 더 어렵게 만들었는데
전쟁 물자가 떨어져 갑니다.
큰일이군 지원마저 힘들게 되었는데

기원전 48년 8월 그리스 파르살루스. 많은 병력이 있음에도 폼페이우스가 공격하지 않자 원로원의 압박은 거세졌지.
카이사르와는 언제쯤 결전을 벌일 생각이시오.
한참 시간이 지나지 않았소.
응.........

어서 병사들을 내보내 카이사르 군대와 싸우시오.

아직 때가 아닙니다 조금 더 기다리면 카이사르는 스스로 무너질 것이오.

언제까지 기다리란 말입니까?
당장 군대를 보내 싸우시오!
지금 당장!

폼페이우스는 할 수 없이 전장으로 나서는데
건투를 비오.
이 전투에 대한 결과는 모두 당신들 책임이오!

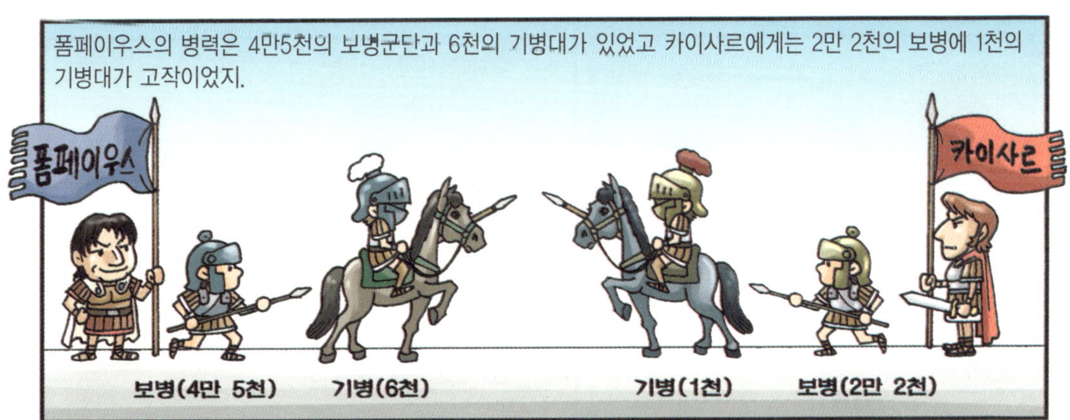
폼페이우스의 병력은 4만5천의 보병군단과 6천의 기병대가 있었고 카이사르에게는 2만 2천의 보병에 1천의 기병대가 고작이었지.
폼페이우스
카이사르
보병(4만 5천)
기병(6천)
기병(1천)
보병(2만 2천)

로마 원로원은 벌써부터
승리의 축배를 들었어.
자~ 오늘의
승리를 위하여!

그리스 테살리아의 파르살루스 평원

마침내 로마의 두 군대가 서로를 마주보고 전투를 하게 되었는데 양쪽의 병사들은 창과 날이 넓은
칼로 무장했고

큰 돌을 던지기 위한 투석기와 화살부대를
거느리고 있었어.

하지만 대부분의 전투에서 병사들은 칼을
사용했지.

카이사르는 이런 점을 전략으로 삼았는데
폼페이우스의 군대는
나이어린 병사가
많다.

폼페이우스의 군대에 나이어린 병사가 많음을 간파하고
긴 창으로 적의
얼굴만 노려
공격하라.

한창 외모에 신경 쓸 나이의 병사들은
아얏!
안돼~

얼굴만을 공격하는 카이사르 군에 전열이 무너지며 전투에 패하고 말지.
으~
내 얼굴이.....
으........

이럴수가...
카이사르가 이런
생각까지 할 줄은...

폼페이우스가 전투에 패하고
이집트로 달아났다고 합니다.

뭣이?!
전투에서 패했다고?

이럴수가 폼페이우스가
질 줄이야~

이로써 내전은 종식되었지.

내전의 결과는 500년간 내려온 로마의 통치체제의 막을 고하는 예고편이 되었는데 그는 스스로 종신 독재관에 올라 로마의 권력을 독점했어.
종신 독재관
삼두정치
뻥
이제부터는
나의 시대야!

원로원은 유명무실해 졌고 카이사르는 실제로 황제와도 같은 권력을 행사하게 되었지.

이렇게 살았어요

율리우스력

카이사르는 로마의 공화력을 개정해서 율리우스력을 만들었어. 그는 천문학자 소시게네스의 조언을 받아 그때까지 쓰던 태음력이 아닌 태양력을 만들어 1년을 365.26일로 나누었어. 그러니까 1년을 2월을 제외하고 모두 30일이나 31일로 나눈 거지. 이 달력은 1년의 길이가 11분 14초 길었기 때문에 1500년대 중반이 되면 카이사르가 만들었던 시대에 비해서 10일 정도 차이가 났어. 그래서 교황 그레고리우스 13세는 10일을 조절해서 천여 년동안 쌓인 시간을 제대로 맞추어 놓았어. 1582년 이후 새로운 그레고리력이 사용되면서 율리우스력은 사라지게 되었단다.

세계사 상식

아이네이스

아우구스투스, 옥타비아, 리비아에게 아이네이스를 읽어주는 베르길리우스

로마의 가장 위대한 시인인 베르길리우스가 쓴 서사시야. 기원전 30년경에 집필을 시작했지만 끝내 완성하지는 못했다고 알려져 있어. 그는 신화의 대부분을 호메로스의 일리아스와 오디세이

아에서 빌려왔어. 이 시는 로마의 전설적 창시자 아이네이스의 이야기를 통해 로마의 건립을 칭송하고 신화화하는 데 목적이 있었어. 그리고 로마의 신에 의해서 세계를 문명화하는 것이 로마의 사명이라고 널리 알리는 목적도 있었지. 여기서 잠깐, 세계 3대 서사시 작가가 누구인지 아니? 바로 지금 얘기한 베르길리우스와 호메로스, 그리고 단테야.

꼭 기억해둘만한 인물

카토

프랑스 루브르 박물관에 있는 카토의 입상

카토는 로마의 공화정을 지키려고 했던 귀족들의 지도자였어. 기원전 72년 노예인 스파르타쿠스가 반란을 일으키자 군대에 들어가서 싸웠어. 그 뒤에 마케도니아의 지휘관을 거쳐 의사를 결정하는 호민관이 되었지. 카토는 원칙주의적인 사람이었고 반대를 일삼는 정치인이었지만 어느 귀족보다도 청렴하게 살았어. 그는 공화파의 군대가 패배하자 아프리카의 우티카에 숨어 살면서 밖에 나오지 않다가 자신의 추종자들을 배에 태워 모두 보내고 나서 스스로 목숨을 끊었다고 해. 후대에 루카누스라는 시인은 카토를 가장 덕이 있는 정치인의 모범이라고 칭송하기도 했지.

7. 카이사르의 죽음

이제 로마의 카이사르에게 대항할 자는 아무도 없겠어.

맞아 카이사르의 손에 모든 권력이 쥐어졌지.

이집트의 어린왕 프톨레마이오스 13세를 설득해 카이사르에 맞서려 한거야.
하지만 상황은 폼페이우스의 기대와는 달랐는데
어서오시오 폼페이우스.
마중나올 줄이야!

이렇게 마중까지 고맙소.
하하... 뭘...
씨익

마중나온 아킬라스의 부하들에 의해 잔인하게 살해되고 말았어.
크윽!

기원전 48년 카이사르는 달아난 폼페이우스를 쫓아 이집트에 도착했어.
펠리시움이 바로 코앞이군.

이...이건... 폼페이우스!
우리의 왕께서 카이사르님께 보내는 호의의 표시입니다.

한때 친구였고 사위였던 그를 죽일 생각은 없었는데...

이집트의 지배자들은 폼페이우스가 죽었으니 이제 카이사르가 로마로 돌아갈 것으로 믿었지.
이제 로마로 돌아 가겠지.

하지만 카이사르는 그 이상의 것을 바라보고 있었어.
왕께 전하라! 난 일찍이 프톨레마이오스 12세에게 빌려준 돈이 있다.
후계자인 프톨레마이오스 13세는 내 돈을 갚아야 한다!
그게...

난 그 때까지 한 발짝도 이집트를 떠나지 않겠다!

말도 안돼! 카이사르는 왜 생떼를 쓰는 거지?

지금이 기회입니다, 로마 지원군이 오기 전에 카이사르를 처단합시다.
그래 그렇게 합시다.

한편 이집트 궁전 안 카이사르 숙소
장군님 알렉산드리아에서 추방된 클레오파트라의 선물이랍니다.
클레오파트라라고...?

이 안에 뭐가 있다는 거야?

놀라지 마세요 저는 클레오파트라 7세입니다.

알렉산드리아에서 당신을
만날 방법이 이것밖에 없었어요.
오 그대가 클레오파트라군요.
듣던 대로 과연 절세의
미모를 지녔군.

클레오파트라의 미모에 반한 카이사르는
그녀의 부탁을 순순히 들어주었는데
부탁이
있어요.

여기서 잠깐! 어째서 클레오파트라가
숨어서 카이사르 앞에 나타난걸까?
나도 그이유가
궁금했어!
어서 설명해줘~~

클레오파트라 7세가 열여덟 살 되던 해. 이집트
왕국의 왕이었던 프톨레마이오스12세가 죽었지.
힝~ 아빠...

그 후 어린 남동생과 결혼하고
동생과 결혼을
해야하다니

이집트의 관습에 따라 공동으로
통치하는데

왕국의 권력에 탐을 낸 대신 포티노스는
교묘한 방법으로 클레오파트라를 추방하고
두고보자
포티노스!

허수아비 같은 프톨레마이오스 13세를 왕으로 받아들이지.
이제 그 자리는
프톨레마이오스13세님의
자리입니다.

사랑하오
클레오파트라.
아니
저것들이~

카이사르가 클레오파트라와 한 편이 된 사실을 알아차린 포티노스는
카이사르는 더 이상 이집트의
우방이 아니다.
카이사르를 죽여라!
와
와
와
와

장군님, 이집트군이 왕궁을
포위 했습니다.
!

알고 있다! 지금 우리병력으로는
저들을 막기 힘드니 속히 지원군을
불러라!
옛!

포티노스님 카이사르가 왕을
인질로 잡았다고 합니다.
뭣이!

이런~
다 된 밥에 코를 빠뜨리다니...

왕을 인질로 잡은 카이사르는 이어 항구에 있는 이집트 선박에 불을 지르라고 명령했지.
정박하고 있는 배를 모두 불태워라!

만약 이집트 군대가 함선을 장악하면 카이사르는 도피할 길이 막혀버리기 때문이야.

이때 항구에는 이집트 갤리 선 약 60척이 정박해 있었지.

안타까운 점은 알렉산드리아 도서관에 보관 하려던 파피루스 문헌 40만 두루마리가 배와 함께 불타버렸어.
전쟁으로 소중한 문헌들이 불에 타버리다니...

함대를 불태운 지 이틀 뒤, 카이사르는 이집트군을 공격해 파로스 섬 전체를 장악하고

항구에서 일어나는 모든 활동을 통제했지.

하지만 곧 이집트 군대가 포위 공격하자

탈출하기 위해 갤리선으로 대거 대피했어.
퇴각하라!
후퇴!

하지만 너무 많은 인원이 한꺼번에 배에 올라탔기 때문에 배는 무게 중심을 잃고
흔들
우악!
악!
흔들

그만 가라앉고 말았어.
으
사람 살려!

카이사르도 무거운 갑옷을 입은 채로 물에 빠졌는데 가까스로 헤엄쳐 가까이에 있던 작은 배에 올라 목숨을 구했지.
십년 감수 했네.

몇 달 후인 기원전 47년 3월 카이사르는 마침내 이집트군을 격퇴하고 알렉산드리아에 당당히 들어왔어.

카이사르는 클레오파트라를 이집트 여왕의 자리에 앉혔고 결혼도 하지.

카이사리온 너는 세계를 지배하는 자의 아들이란다.
네, 엄마

기원전 47년 이집트를 떠난 카이사르는 폰투스 전쟁과 아프리카 전쟁을 승리로 이끌고 마침내 로마에 돌아왔지.
카이사르는 갈리아, 이집트, 소아시아를 정복하고 유일한 절대 권력자가 되어 돌아온거야.
카이사르장군 만세~
로마제국 만세~

그를 맞이 하는 개선식은 유래를 찾아 볼 수 없을 만큼 화려했다고 해.

베니(왔노라), 비디(보았노라), 비케(이겼노라)!!
카이사르 앞에 이제 더 이상 반대 세력이 있을 수 없었지.

그는 마침내 원로원으로부터 종신 통령에 선출되어 권력을 독점할 수 있는 지위에 오르게 되었어
로마를 지금보다 더 큰 제국으로 만들것이오.
카이사르는 로마의 실질적인 첫 번째 황제나 마찬가지구나.
맞아! 로마 역사를 통틀어 카이사르만큼 막강한 권력을 거머쥔 사람은 없었지.

하지만 그런 카이사르도 얼마 지나지 않아 죽음을 맞지.
왜?
어째서…

사람들이 황제가 되려는 카이사르를 시기했기 때문이야.

기원전 44년 3월 15일
으악!

원로원에 나간 카이사르는 그의 적 카시우스를 비롯한 일당 60명에 둘러싸여 그들이 휘두른 흉기에 맞고 숨을 거두었지
죽어라!
으악!
사라져라 카이사르!
왕은 절대로 있을 수 없다.

카이사르 암살에 가담한 자들 중에 친아들처럼 아끼던 브루투스도 있었는데
아들아… 너도 한패였더냐…
비틀 비틀
왕이 되려한 탓입니다.

카이사르는 비통한 외침을 남기고 폼페이우스의 동상 아래서 처참한 최후를 맞이했지. 그의 나이 56살이었어.

이렇게 살았어요

이집트 종교

이집트 종교의 가장 큰 특징은 인간의 모습을 한 신이 여럿이라는 점이야. 이집트에 신이 많았던 이유는 이집트가 통일되기 이전 나일 강 유역에 제사 중심지가 많았기 때문이야. 왕은 신의 아들이자 우주를 지배하는 신 호루스였어. 왕들은 신들이 인간에게 준 세계질서인 '마아트'를 집행하는 사람이었고 진리, 정의를 추구하는 인물이었지. 이집트인들은 삶은 영원히 계속된다는 믿음이 있었어. 그래서 죽음은 끝이 아니고 새로운 삶의 준비라고 생각했지. 왕이 죽으면 죽은 자의 왕인 오시리스가 되어 지하세계를 다스린다고 믿었고, 그의 아들은 호루스가 된다고 믿었어. 이집트에서 발견되는 수많은 무덤들은 영혼의 안식처였는데, 대개 왕의 무덤 옆에 모여 있었지. 왜냐하면 그 당시에는 왕과 결합하면 저승으로 통하는 안전한 길을 찾을 수 있다고 믿었거든.

세계사 상식

프톨레마이오스 왕조시대

알렉산드로스가 죽자 마케도니아 제국을 여러 장군들이 나누어 지배했어. 이때 이집트에서 사트라프(이집트의 행정 최고 책임자)의 사리를 지긴 시람이 마케도니아 출신의 프톨레마이오스였어. 그는 프톨레마이오스 1세로 즉위하고, 그의 후손들은 클레오파트라가 죽을 때까지 이집트를 다스렸어. 프톨레마이오스 왕조는 정치적, 문화적으로 가장 강력한 나라였는데, 지중해 세계와 관계를 돈독히 하는 데 온 힘을 기울였어. 왕조의 마지막 1세기 동안은 로마의 보호를 받으며 독립을 유지했어. 이집트의 운명은 순전히 로마의 손에 달려 있었지. 로마도 자신

의 안전을 위협하지도 않고 그럴 의사도 없는 왕조를 지원하는 데 만족했어.

꼭 기억해둘만한 인물

베레니케 3세 – 또 한 명의 이집트 여왕

베레니케와 달의 여신 셀레네

이집트 왕족 중에서 가장 강인했던 여왕이 있다면 베레니케 3세야. 그녀는 이집트가 내란을 겪고 있을 때 나라를 다스렸어. 기원전 87년 프톨레마이오스 10세는 클레오파트라 3세를 죽였다고 여긴 알렉산드리아 시민들에 의해 추방당했는데, 시리아에서 용병을 모은 후 돌아와 알렉산드로스의 무덤을 파헤쳐 용병들에게 임금을 지불했지. 다시 분노에 싸인 시민들에게 쫓겨 베레니케와 함께 리키아로 피신했어. 하지만 그곳에서 프톨레마이오스 10세가 살해당했고, 베레니케는 이집트로 돌아와 프톨레마이오스 11세와 결혼했어. 그러다 그가 죽자 이집트를 혼자 다스리게 되었지. 프톨레마이오스 10세의 아들이 그녀와 결혼하려 했지만 그녀도 시민들도 동의하지 않았어. 그녀가 권력을 놓지 않자 프톨레마이오스는 그녀를 살해하려 했지만 오히려 분노한 시민들이 그를 죽이고 말았어. 그래서 이집트를 다스렸던 프톨레마이오스 왕조의 통치도 막을 내리게 되었지.

8. 악티움 해전-공화정의 종말

카이사르가 암살당하자 로마는 공포와 분노에 휩싸였지.
카이사르 장군이 죽었어…
로마에! 무슨 일이…

하지만 카이사르 지지층은
더 이상 희생은 무의미하다.
우선 카이사르의 장례부터 치르자.

얼마 후 로마에서는 카이사르를 기리기 위한 성대한 장례식이 치러졌고 모든 로마인들은 슬픔에 빠져들었지.

곧 음모자들에 대한 복수심으로 불타올랐어.
카이사르를 해친 주동자를 찾아
복수하자!

집정관 마르쿠스 안토니우스는 카이사르를 칭송하는 연설 도중 카이사르의 피묻은 옷을 흔들어 암살자들을 비판했지.
우리는 이 옷에
묻은 피의 대가를
지불하게 해야합니다.
옳소!
대가를 지불시킵시다.

감동적인 연설과 장면에 흥분한 군중들은 폭동을 일으켰고
살인자를 처형하자.
배신자들을
죽여라.

음모자 카시우스와
브루투스가 벌써
달아나고 없다!

그렇다면 집이라도 불태우자!
와~ 아!
로마는 걷잡을 수 없는 혼란에 빠져들었지.
이러시면
안됩니다.

브루투스를 몰아 낸 안토니우스는 자신이 카이사르의 후계자가 된 것으로 믿었는데
하하핫~ 이제
로마는 내 것이다.

그러나 공개된 카이사르 유서에는
아니...!!
나의 수양아들
옥타비아누스를
내 후계자로 삼으리라.

이 때 옥타니아누스는 18세의 나이로 그리스 유학 중이었어.
여러분들은 국가를 무엇이라 생각하지?

이렇게 된 이상 저 어린 녀석과 손을 잡을 수 밖에 없겠군.
…….

안토니우스는 내 권한을 독차지 하려는 음흉한 자다!

그러나 도망친 브루투스와 그의 일당들이 로마를 위협하고 있는 이상 그와 손을 잡을 수 밖에…
씨익-

이로써 기원전 43년 옥타비아누스의 제안으로 안토니우스, 레피두스 등과 함께 로마를 다스리는 제 2차 삼두정치가 시작되었지.

그들은 곧바로 힘을 합쳐 카이사르를 반대했던 세력을 축출하기 시작했는데
원로원 의원 300여 명을 비롯해서 카이사르에 반기를 들었던 자들을 무자비하게 처형했지.

이제 로마는 세 사람에 의해 움직이고 있었고
그중 허수아비 같은 레피두스는 제외하고,
로마의 대권은 안토니우스와 옥타비아누스
두 사람 중 한사람에게 넘어갈 수밖에 없었는데

때마침 동방에서 일어난 반란을 진압하고자
떠난 안토니우스는
진정한 로마의
힘을 보여주마.

중도에 들린 이집트에서 그의
운명을 뒤바꾸어 놓은 여인을
만나는데
장군, 클레오파트라 여왕이
방문 하였습니다.
이집트의
여왕이!!

오~ 아름답도다.

클레오파트라는 승리의 상징인 붉은 돛을 단 황금 배를 타고
왔어. 은으로 만든 노가 피리와 하프에 맞춰 천천히 물을 가르고

그녀는 천사의 복장을 한 예쁜 사내아이
들의 부채질을 받고 있었다고 해.

클레오파트라의 자태에 한눈에 반한 안토니우스는 전쟁도 잊고 사랑에 빠져들었고
천사처럼 아름답군요.

지금 로마는 안토니우스의 손에 쥐어있지 그를 차지하면 로마를 얻는 것이야.

마침내 안토니우스는 아내마저 버리고 클레오파트라와 결혼을 하는데
여보

그러나 안토니우스의 아내는 다름 아닌 옥타비아누스의 누이야
안토니우스 감히 내 누이를 져버리다니!
옥타비아누스, 어쩌면 좋으냐?

이제! 삼두정치는 끝났다!
마르쿠스 안토니우스는 로마의 적이다!

아그리파 장군은 속시 이집트로 출병하여 반역자 안토니우스를 처단하시오.
알겠습니다.

전쟁이다!
전쟁이 일어났다고?
뭐? 전쟁...

적함을 향해
돌진하라~~
기원전 31년 옥타비아누스의 로마 함대와 안토니우스, 클레오파트라 연합 함대는
이오니아 해 건너 악티움에서 싸움을 벌이는데

역사적으로 유명한 악티움 해전은
500여척의 대선단과 4만의 대군이
치열한 공방전을 벌인 대 전투였지.

크윽~
콱!
전투에서 패한 안토니우스는 이듬해인
기원전 30년 스스로 목숨을 끊고 말았고

클레오파트라는 옥타비아누스의 포로가 되어
궁전에 갇히는 신세가 되었지
예쁜게
죄야…

이제 로마의
황제가 될 일만
남았군!
로마

이로써 약 270년 간 지속되었던 이집트의 프톨레마이오스 왕조가 멸망하지.

오오~ 파라오님

이제 로마는 그야말로 옥타비아누스의 세상이 되었어!!

이렇게 살았어요

로마는 목욕탕의 도시

기원전 100년경 로마의 인구는 약 70만 명이었어. 4~5층 건물이 늘어서 있는 골목길은 사람 한 명이 겨우 지나다닐 만큼 좁았지만 집집마다 화장실이 있었고, 공중화장실도 많았어. 목욕탕과 온천은 로마의 자랑이었지. 그런데 로마의 목욕탕은 지금처럼 몸을 닦기만 하는 곳이 아니었어. 목욕탕은 쉬는 것은 물론이고, 책을 읽고 산책을 하고 물건도 살 수 있는 곳이었어. 심지어 레슬링 같은 운동을 하거나 박물관도 있었다고 하니 가히 종합레저공간이라고 해도 무방할 정도였지.

꼭 기억해둘만한 인물

키케로

키케로의 죽음, 15세기, 프랑스

키케로는 오늘날 가장 위대한 로마의 웅변가로 알려져 있어. 기원전 66년 그는 원로원 보수파에 맞서서 원정대의 지휘권을 폼페이우스에게 주어야 한다고 연설을 했어. 그런데 반대파가 많았던 탓에 그는 연설을 할 때 겉옷 밑에 갑옷을 입고 있었다고 해. 그는 〈웅변에 대하여〉, 〈공화정에 대하여〉, 〈법률에 대하여〉 같은 훌륭한 저서들을 남겼어. 그는 정적들을 끊임없이 중상모략하고 자기 동료들의 미덕은 과장했어. 키케로가 쓴 편지는 900통이 넘게 전해지고 있어. 옥타비아누스, 안토니우스, 레피두스는 삼두정을 성립시키고 나서 카이에타 근처에서 그를 잡아 죽였다고 해. 그의 말재주가 두려웠던 것이지.

제4장

로마 제국의 번영과 멸망

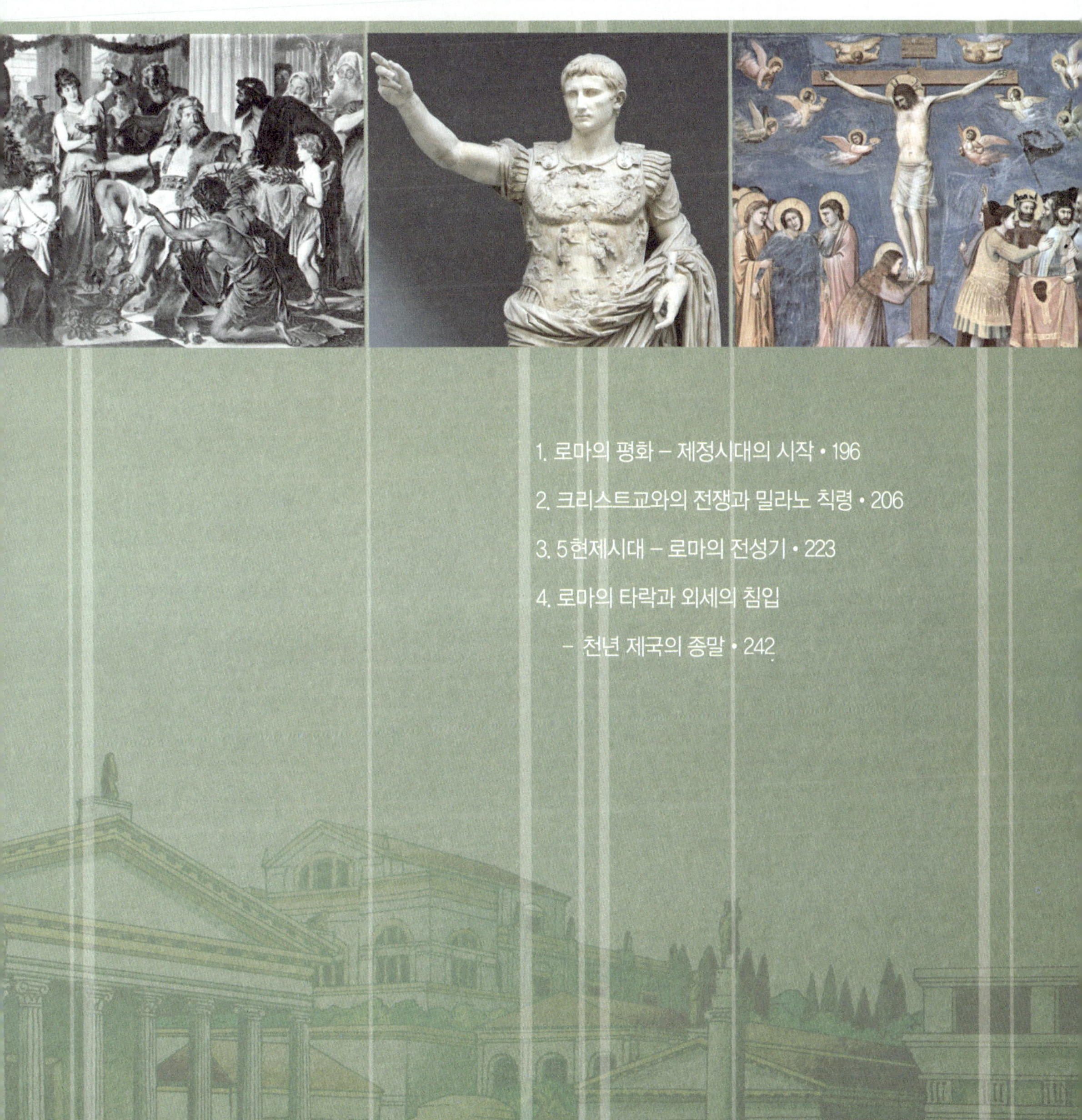

4장을 읽기 전에

지중해 중심의 세계를 장악하기 위한 외부 세력과의 전쟁에서 승리를 한 로마에는 그동안 드러나지 않았던 내부 문제가 나타나게 된다. 민중혁명과 마리우스와 술라의 복수전, 그리고 스파르타쿠스의 난. 로마의 근간을 흔들어 놓을 만한 역사적인 사건들이 계속해서 일어났다.

이때 위대한 지도자 카이사르가 등장을 하면서 내분을 정리하고 강력한 황제의 자리를 굳혀나가기 시작했다. 그렇게 완전하게 권력을 잡은 카이사르는 영원할 것 같은 권력을 자신의 양아들인 브루투스에게 빼앗기고 말았다. 그 결과로 카이사르가 만들어놓은 로마 제정이 흔들리는 듯했다.

하지만 로마 국민은 제정을 선택했다. 카이사르를 살해한 세력을 몰아내고 카이사르가 선택한 후계자에게 권력을 주게 된 것이다.

그 이후 로마는 평화로운 역사를 이끌고 나간다. 그러나…….

제4장 로마 제국의 번영과 멸망

오랜 기간 동안 계속된 로마의 전쟁은 비로소 끝이 났지.

카이사르의 죽음과 함께 휘몰아친 전쟁의 회오리도 악티움의 승전고와 함께 가라앉았어.

*로마는 아우구스투스 이후 5현제 시대에 이르기까지 약 200년간 평화와 번영을 누렸는데 이 시기를 '팍스 로마나(로마의 평화)'라고 한다.

여러분 안녕!
난 로마의 위대한 시인이며 문학가인 베르길리우스란다.
1. 로마의 평화 - 제정시대의 시작
로마시민광장 단면도야.
로마시민은 악티움 해전을 승리하고 돌아온 옥타비아누스를 성대한 축제로 맞아주었지.
와~
옥타비아누스 만세~
와아~
옥타비아누스 만만세~

와아~
와아~
와~!
와아~
옥타비아누스
만세~
!!
와~

나에겐 카이사르 같은 권력은
필요없다. 원수정을
실시할 것이다!
로마 역사상
최고
인기남으로
인정!!~

로마의
수호신!
와아~
와~
와아~
와~
*원수정(프린키파투스): 로마의
옥타비아누스가 시작한 정치 체제.
제1인자라는 뜻. 공화정 말기에는
원로원 의장을 뜻하였다. 황제가
되려다 암살당한 카이사르의 실패를
거울 삼아 겉으로는 기존의 공화
정의 전통을 중시하면서 실제로는
황제의 권한을 모두 행사했다.
로마의
진정한
지도자다!!

기원전 27년 로마 원로원은 옥타비아누스에게 아우구스투스 칭호를 부여했어.
로마가 신에게만 바치는 위대한 칭호 '존엄한 자'라는 뜻이야.
와
아우구스투스 만 만세~
와아~

그로부터 며칠 동안 로마는 역사상 유례가 없는 축제가 벌어졌는데
와아~
와~
와아~
와아~

특히 로마의 원형경기장에 거대한 인공 호수를 만들고 배를 띄워 악티움 대해전의 장면을 연출하였다고 해.
와

연극으로 악티움
해전을…
어마어마한 장관이
었겠는걸!
그럼 여기서
아우구스투스의
업적을 한번
살펴볼까?

아우구스투스는 백성의 사치를 억제하는 한편 로마의 각종시설과 건물을 아름답게 꾸몄는데 벽돌의 로마를
아름다운 대리석의 로마로 새롭게 탈바꿈 시켰지.

아우구스투스는 승리를
기념하여 이집트에
아폴로 신전을 세워
로마의 위대함을
세계에 떨쳤단다.

그럼에도 아우구스투스 자신은 검소한 생활을 했지.
당시 최고권력자에
오른 자들이 다 지은
궁전하나 자신을
위해 짓지 않았지.
참으로
훌륭한
인물이었네.

또한 아우구스투스는
로마의 평화를 위해서는
경제발전과 군대의 불만을
없애야 한다는 사실을
잘 알고 있었지.

그는 먼저 제대한 군인에게 땅을 나누어 주어 살 길을 열어 주었고

또한 군대를 국경수비로 돌리니

전쟁도 없고... 국경을 수비하는 임무에만 열중하니 살 맛 나는군!

로마의 지주들에게는 그들이 소유한 토지와 재산을 인정해 주었지.

아우구스투스는 황제와 마찬가지야.
아무렴 난 그가 황제라 해도 불만없어.

밖으로는 강력한 군대가 나라를 지키고 안으로는 불평불만이 사라지니 로마는 발전과 번영의 길을 걷게 된 것이야.
아우구스투스에 의해 이룩된 로마의 평화와 번영은

14년 아우구스투스가 77세의 나이로 세상을 떠난 이후로도 계속 되었는데...

그가 세상을 떠나자 로마는 슬픔에 빠져들었고

로마시민은 또다시 아우구스투스와 같은 지도자가 나타나길 간절한 마음으로 신께 기원했지.
오오~ 신이시여 아우구스투스를 우리에게 보내주소서!

여기 봐, 당시 로마는 세계최대의 정치, 경제, 문화의 중심지로 인구 100만의 대도시가 되었어!
와아~ 눈이 부실 정도야!

로마는 광활한 영토에서 벌어들이는 막대한 부를 누리게 되었지.
SPQR

하지만... 로마는 서서히 타락해 가고 있었지...

로마는 사치와 허영, 그리고 향락의 길로 접어들기 시작한거야.

부유한 자들은 경쟁적으로 호화스런 저택과 별장을 짓고

매일같이 사치스런 음식으로 연회를 즐기며 밤낮없이 먹고 마셨지.

부럽지않아? 먹고 놀기만 하는 생활...
노는 것도 정도껏이지.. 몸도 마음도 타락하게 될거라고!
솔이 말이 맞단다. 로마는 안으로부터 썩고 있었지.

로마의 거리는 실업자와 병든 사람들로 넘쳐났는데
WATER CLOCK

이들은 언제든 도둑이나 강도로 돌변할 수도 있었지.
살벌하다
살벌해~
가진거
다내놔
~!

로마의 거리에는 배고픈 자들의 아우성이 메아리 쳤지만
부유한 자들은 이에 아랑곳 않고 사치와 허영에 찌들어
갔어.
알게 뭐야?

이제 로마시민에게서는 참된
삶의 의미는 사라진 지 오래였지.
인생 뭐 있냐고~
한세상 실컷 즐기다
가는거야!

아 참된 로마인의
정신은 어디로 갔단
말인가...
베르길리우스의 탄식처럼 로마는
번영의 길목에 들어서는 순간부터
이미 멸망을 예고했을지도 모르는
일이지...

이렇게 살았어요

로마에는 공립병원이 없었다

로마에는 공립병원이 없었다_하지만 군대에는 제대로 시설을 갖춘 병원이 있었다

로마에는 어디를 가도 극장, 목욕탕, 투기장이 있었어. 그래서 로마인들은 연극을 보고 하루에 한 번 목욕을 하고, 투기장에서 여가를 보낼 수 있었지. 하지만 어디를 가도 병원은 보이지 않았어. 카이사르는 로마에 많은 의사를 불러들였어. 그는 의사가 늘어나면 경쟁이 생겨 저절로 수준은 높아지고 의료비는 낮아진다고 생각했지. 그런데 그 의사들은 개인병원을 만들어서 돈 버는 데에만 관심을 가졌어. 게다가 하지만 카이사르의 생각과는 달리 로마에는 늘 각종 질병이 창궐했어.

세계사 상식

로마 여성의 화장

로마 여성의 화장

로마의 여성들은 하얀 피부를 가져야 아름답다고 생각했어. 그래서 목에 흰 분칠을 하고 뺨에는 빨간 흙을 발랐지. 눈썹을 더욱 진하게 보이려고 안티몬이라는 금속 물질을 발랐는데, 안티몬이 없으면 까만 재를 바르기도 했어. 다리에 털이 나는 것은 아름다움을 해친다고 생각해서 털이 자라면 돌 조각

으로 잘라내거나 불가사리와 살모사의 독을 섞어 만든 크림을 발라 녹이기도 했어. 그런 다음 털이 더 이상 나지 않도록 토끼피를 발랐다고 해.

꼭 기억해둘만한 인물

아우구스투스

아우구스투스

옥타비아누스는 그런데 그 의사들은 개인 병원을 만들어서 돈 버는 데에만 관심을 가졌어. 게다가 아우구스투스라는 칭호와 함께 황제가 되었어. 그는 '프린켑스'(공화정의 수반)을 자처했지만 그건 겉모습에 불과했고 사실상 독재정권이 수립되었지. 그는 내전이 종료되고 원로원 회의에서 모든 권력을 원로원과 로마 시민에게 되돌려줄 것이라고 선언했어. 환영한 원로원이 그에게 부여한 이름이 '성스러운'이라는 뜻의 아우구스투스였던 거야. 하지만 아우구스투스는 권력을 원로원에 내줄 생각이 없었어. 그는 자신을 지지하는 원로원을 이용하여 정치, 군사, 행정 모두를 장악하는 황제의 권한을 하나씩 쌓아갔어. 그는 무한한 인내심을 가지고 로마 생활의 모든 측면을 교묘하고 효율적으로 관리했으며, 그리스 · 로마 지역에 지속적인 평화와 번영을 가져다주었지.

2. 크리스트교와의 전쟁과 밀라노 칙령

저 분은 누구셔?

예수 그리스도야

미남이시다~!

내가 살던 시대의 팔레스티나 지도야!

아기 예수

소아시아

시리아

시돈

티루스

데카폴리스

가르멜산

사마리아

지중해

예루살렘

베들레헴 (예수가 태어난곳)

사해

유대

나바리아왕국

이집트

이에 유대인들은...
로마인들은 모든 것에 세금을 붙이고... 항의도 못하게 하지.
위대한 다윗 왕이 다스릴 때에는 우리도 다른 나라를 지배하고 살았는데...
쉿! 누가 듣겠어요.

흥 들으라면 들으라지!
하나님 우리에게 보내 주시겠다고 약속하신 구세주는 언제 오시나이까?

로마에서 옥타비아누스의 인기가 절정일 무렵 기원전 4년경 유대의 베들레헴에서 예수 그리스도가 태어났지.

멀리서 큰 별이 반짝이는 것을 목격한 세 명의 학자는...
저 별을 보시오, 다른 별보다도 유난히 밝게 빛나고 있소.

저 별은 유대인의 왕이 탄생하셨다는 사실을 알려주시는 징조가 분명하오.
오오~유대를 구원할 메시아의 탄생인가!

이 소식을 전해들은 유대왕 헤롯은
쾅
뭣이?

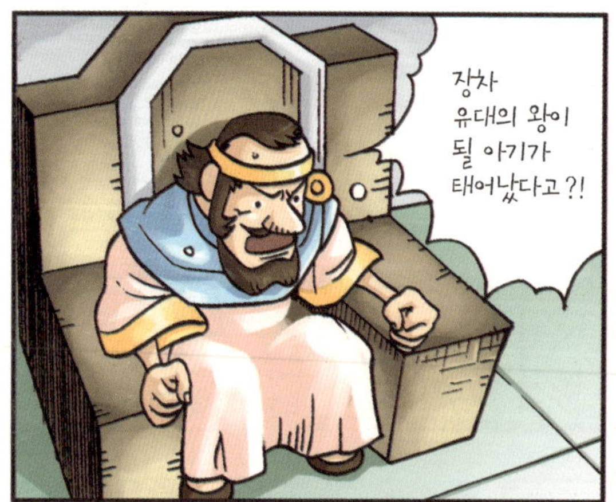
장차
유대의 왕이
될 아기가
태어났다고?!

자기의 왕위를 지키기 위해서는 살인자보다 더
잔인했던 해롯 왕은
그 아이를 찾기만 하면
죽여버릴테다.
나 이외에는 아무도
유대 왕이 될 수 없어!

두 살 이하의
남자아이는 모두
죽이라고 헤롯왕이
명하셨다.
그날 밤 베들레헴에서는

아악
악
악

크하하핫!
모두 없앴다고! 좋아
이제 발 뻗고 편히
잘 수 있겠구나!!

한편 요셉과 마리아는 아기예수와 함께 헤롯왕을
피해 이집트로 탈출했어.

당시 로마는 황제를 신으로 숭배하는 사상이 있었는데
황제를 신으로 경배한다면 너희가 어떤 신을 믿든 상관 안한다!

우리가 경배하는 신은 여호와 신이다.
다른 이방의 신을 위해 경배할 수는 없다.

이 무렵 유대인들은 민족의 독립을 위해 각지에서 저항 운동을 일으켰지.
로마의 황제는 신이 아니라 인간이야!!
천벌을 받을 것이다!

로마의 바라스 장군
감히 로마 제국에 대항하겠다는 거냐! 모두 잡아서 화형에 처하리라!

유대인들은 돌을 던져서 대항하지만
와
와

많은 사람들이 십자가에 못 박혀 처형당하고 말지.

이때 예수는 헤롯왕이 죽자 다시 고향인 나사렛으로 돌아와 아버지 요셉의 목수일을 도우며 성장하지.

28년 요르단 강에서 사람들에게 복음을 전파하던 요한은
죄를 회개하고 세례를 받으라~

어느 날 요한에게 세례를 받기 위해 내려온 예수를 만났는데 단번에 그를 알아보고
어찌하여 제게 세례를 받으려 하십니까? 제가 당신께 세례를 받기를 원하나이다!
우리는 다같은 하나님 나라에 속해 있으니 내게 세례를 내려 주시오.

예수는 요르단 강에서 요한의 세례를 받은 후 하나님의 말씀을 듣고 자신의 사명을 깨우쳤지.
이는 내사랑 하는 아들이요 내 기뻐하는 자라.

예수는 광야에서 40일간 금식을 하며 기도 했어.

그리고 돌아온 후 사람들에게 새로운 복음을 전하였지.
원수를 사랑하라, 용서하는 자 용서 받으리라.

구하라, 그러면 얻을 것이오.
찾아라, 그러면 찾을 것이오.
두드려라 그러면 열릴 것이다.

앉은뱅이는 일어서게 하고 장님은 눈을 뜨게 한답니다.
예수님이 병자에게 말만 걸어도 병이 낫는다고 해요.
뿐만아니오 죽은 나사로를 살렸다는데…

예수를 따르는 유대인들이 늘어나자 자신들의 입지가 흔들릴까 염려한 유대교 율법학자들은
이대로 예수를 두고 볼 순 없어.

그자는 로마 황제에게 등을 돌리고
본디오 빌라도 로마총독 사택

스스로 왕이라 하며 왕국을 세우려 하고 있습니다.
이런 괘씸한….!!!

예수의 제자 중 유다가 은전 30냥에 스승을 밀고했지.

INRI

십자가 형틀: 로마 시대에 사형수를 처형하는 데 가장 많이 쓰인 기구. 예수의 십자가 맨위에는 '유대인의 왕' 이라는 패가 붙었다.

골고다 언덕: 골고다는 '해골산' 이라는 뜻으로 범죄자를 처형했던 장소.

가시관: 골고다 주변에 흔했던 가시나무로 잎사귀 밑에 나있던 날카로운 가시로 만든 관.

예수가 숨을 거두자. 요셉은 십자가에서
예수를 내리고 가는 베로 싸서 동산의
무덤안에 안치 하였지.
많은 사람들은 십자가에서
예수가 사라지자
제자들이 훔쳐간 것으로
생각했던 거야.

사흘 째 되던 날 부활하여 무덤에서 나왔어.

그리고 부활한지 40일 째 되던날 제자들을 축복하고
하늘로 승천했다고 성서는 말하고 있어.

이후 크리스트교는 제자들의 전도로 점차 전 세계로
널리 퍼져 나갔지.

로마도 예외는 아니었는데...
종교를 막는것은
곧 그 민족을
말살하는 것과
같다.

이렇듯 처음에는 별관심을 갖지 않았던 크리스트교가 그 세력을 뻗어 로마 전지역으로 퍼져 나가자
우리 같은 사람도 천국에 갈 수 있다네.
난 미래가 없는 로마의 종교에 회의를 느껴.
로마에서 빈부 계층을 막론하고 크게 퍼져갔지.

로마는 위기의식을 느끼지 않을 수 없었는데
저들은 로마 질서를 어지럽히는 자들이다.

따라서 크리스트교에 대한 로마의 박해는 날이 갈수록 심화되었지.

64년 네로 황제 때의 로마시에 큰 불이 났는데

불은 9일 간이나 타들어가며 로마의 구석구석을
태워 수 천 세대를 잿더미로 만들었어.
화르륵~

시내가 화염에 불타면서 시민들 사이에서 무서운
소문이 돌기 시작하는데
활활~
으아~

와~
와아~
미치광이 네로가
도시의 건물을 새로
짓기 위해 불을
놓았을 거야!
폭군 네로는
방화범!
미치광이~
와~

폐하~ 황제 폐하! 시민들이
소동을 일으킵니다.
진압할
방법은
없느냐?

음.. 내 생각에는
크리스트교도가
저지른 짓이다!
이렇게 하면
날 지목하지
않을거야.

여봐라 크리스트교를
믿거나 그들에게
도움을 주는 자를 즉시
잡아 시민들 앞에서
처형하라!

이리하여 대대적인 크리스트교도에 대한 탄압이 시작되었지.
저들은 로마 제국을
어지럽게 한 죄인들이다!
모두 화형에 처하리라!

어때! 네로 황제는
정말이지 무지막지한
폭군 맞지?!
나무 기둥에
타르를 발라서
태우는데..
너무
잔인해

수많은 크리스트교인들이 로마 시민들 앞에서 죽어갔지.
아악! 사자들에게
잡아먹히는데도...

크리스트교도들은 그들의 믿음을 지키기 위해
기꺼이 명예롭게 죽음을 맞으니...

이를 지켜보던 로마 인들은 흔들리기 시작하는데...
저들은 정녕 두렵지
않단 말인가..?
어찌하여
저 무시무시한
사자 앞에서도
저렇게
당당할 수가??

저들의 믿음이 대체
무엇이기에...

이러한 박해에도 크리스트교도는 점점 늘어만 갔는데...

으스스하고
기분나빠~
여기는 대체
어디야?

이곳은 로마의
지하 공동묘지
카타콤이란
곳이지!

카타콤: 지하 4, 5층에 이르며 전체 길이가 수십 킬로미터에 이르는 대규모 공동 묘지였다. 길을 모르고 들어갔다간 되돌아 나올 수 없었기에 로마 군대가 함부로 습격할 수도 없었다. 그러므로 크리스트교도들의 피난처를 겸한 예배 장소로써 이용되었다.

날이 갈수록 크리스트교에 대한 박해는 심해 갔으나… 그 세력은 로마 제국 더 나아가 전 세계로 확장되어 가고 있었지.

이제 크리스트교는 넓고도 깊게 뿌리를 내려 더 이상 탄압이 통하지 않게 되었는데

로마
지중해
그리스
크레타섬
에베소
소아시아
흑해
로도스섬
애굽
나일강
시내산
예루살렘
시리아
홍해

*밀라노 칙령: 313년 로마 황제 콘스탄티누스와 리키니우스가 밀라노에서 발표한 칙령. 크리스트 교도의 신앙의 자유를 처음으로 인정하고 국가가 빼앗았던 교회 재산을 되돌려 줄 것을 명령한 내용이 들어있다.

폼페이에 닥친 재앙

폭
폭발한다!

서기 9년 8월 24일

이탈리아 베수비오 산자락에 자리 잡은 폼페이 시는 작지만 살기 좋은 도시였지.

그 누구도 심각하게 걱정하지는 않았지.
흔히 있는 일인데 뭘…

그리고 그날 오후. 베수비오 산꼭대기에서 큰 폭발이 일어났어.

어마어마하게 큰 구름이 하늘로 피어올랐고
으아~ 화산재가 날아온다
다 달아나자

마그마가 굳어서 생긴 화산암들이 하늘에서 정신없이 쏟아져 내렸지.

사람들은 정신없이 달아났지만

화산재와 유황 가스 때문에 숨을 쉴 수도, 앞을 볼 수도 없었지.

며칠 동안 화산재가 쉴 새 없이 떨어져 쌓이는데

마침내 구름이 사라지고 베수비오 화산은 또다시 오랜 잠에 빠져들었지.

하지만 로마의 도시 폼페이는 이미 세상에서 완전히 사라진 뒤였어.

1592년에 최초로 유적이 발견되었고, 현재는 약 4/5 정도의 발굴이 이루어진 상태야. 처참했던 상황이 그대로 보존되어 있다고 해.

세계사 상식

십자가

십자가

십자가 상은 크리스트교에서 사용하기 훨씬 전부터 종교의 상징이었어. 십자가 상이 단지 신분이나 소유를 상징하는 것인지, 아니면 신앙이나 숭배를 의미해왔는지는 분명하지 않아. 전에는 생명을 상징하는 이집트의 십자가 상형문자를 받아들여 신앙을 기념하는 물건으로 널리 사용했어. 4세기 콘스탄티누스 황제시대 이전에 크리스트도교들은 십자가 그리는 것을 자제했어. 그것을 공개하면 조롱을 받거나 위험에 처했기 때문이야. 그런데 콘스탄티누스가 개종을 한 이후에 십자가 형을 없애고, 십자가와 그리스도의 이름으로 이루어진 도안을 신앙의 상징으로 권하기 시작했지. 이 상징물은 크리스트교 예술에 소재가 되었고, 묘비에도 널리 쓰기에 되었단다.

안녕~!
난 미로황제야.
잘 부탁해~
3.5 현제시대
-로마의 전성기
그럼 난
황비겠네?

아우구스투스의 뒤를 이어 황제에 오른 이는 그의 양자 티베리우스였어 (재위14~37년)

이어 미치광이 황제로 불리는 칼리굴라 (재위 37~41년)가 그 뒤를 잇는데
난
한 성질
한다고.
폭군

칼리굴라는 포악하기 이를 데 없었고 살인을 밥 먹듯 즐겼지.
로마에는
내가 자르기만
기다리는 목들이
가득하다!

칼리굴라는 로마 콜로세움에서 피가 난무하는 대량 학살 축제를 즐겼는데

축제에서 검투사와 대결하는 맹수들이 먹는 고깃값이 상당하다는 사실을 알고 값싼 고기로 죄수를 먹이로 주었지.
도무지 상상이 안 가네. 같은 인간으로서 어떻게 그런 짓을...!
그러니까 미치광이 소리를 듣는거야~

칼리굴라는 자신을 신으로 착각했는데
나는 신이로다! 살아있는 신!
정말 미쳤군

결국 왕이 된 지 얼마 못가서 근위병에게 암살당하고 말지.
네놈들이 감히...

칼리굴라를 죽인 이들은 궁전으로 가서 그의 아내와 아이를 죽이고

황제의 자리에 클라우디우스를 앉히지.
난 황제는 싫어~!

클라우디우스(재위 41~54년)는
그야말로 허수아비 황제였을 뿐이야.

그..그. 그 놈을
처..처형하라..
말더듬이
심했지

클라우디우스는 바람 핀 아내를 버리고 조카인
아그리피나와 결혼하는데..

아그리피나는 야심이 대단한 여자로...
황제가 되고
싶지만 여자라서
그럴 수 없을
뿐이지.

당시 아그리피나에게는 데리고 들어온
아들이 하나 있었는데 바로
폭군 네로였지.
넌 나 대신
황제가 되어야
할 몸이란다.

결국 아그리피나는 클라우디우스에게 독버섯을
먹여 죽이고 네로를 황제의 자리에 앉히는데

17세의 어린 나이로 네로(재위 54~68년)가 제위에
올랐어. 그는 언제나 리라연주를 했는데

연주 솜씨는 형편없었지만 주변에서 아첨하는 신하들로 인해 자신이 천재적인 음악성을 지녔다고 착각하고 다녔어.
예술입니다. 폐하!

네로는 막 황제가 되었을 무렵에는 철학자 세네카의 도움으로 훌륭한 정치를 하였는데
내 의견을 듣더니 곧잘 하는 군!
세네카

예술을 사랑하여 그림, 음악, 연극, 시 등 로마의 예술을 한 단계 발전시켰지.
그리스의 그들의 예술과
그들의 정신을 본받아야 해.
또한 그리스 문화와 예술을 동경했는데 스스로 그리스 인임을 자처 했어.

그래서 그리스를 여행하는가 하면

로마의 건물과 모든 시설물을 최고급 대리석으로 모두 바꿔!!

올림픽에도 참가하여 우승을 차지하기도 하지.

후에 점차 친구는 물론 아내와 어머니인 아그리피나까지 죽이는 폭군이 되었지.

네로가 보낸 자객에 의해 암살된 아그리피나는

못된 네로가
나온 이곳을
찔러라!

네로는
로마역사상
가장 포악하고
잔인한 황제로
기록되어있지.
어쩜~~~
칼리굴라보다
더한 폭군이었네.

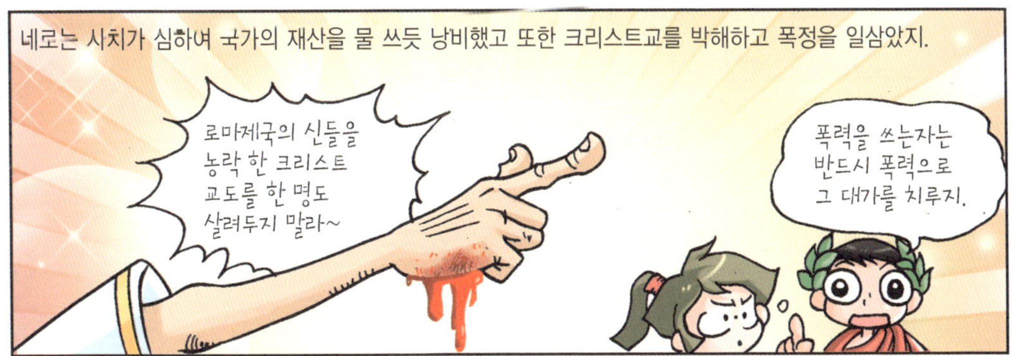
네로는 사치가 심하여 국가의 재산을 물 쓰듯 낭비했고 또한 크리스트교를 박해하고 폭정을 일삼았지.
로마제국의 신들을
농락 한 크리스트
교도를 한 명도
살려두지 말라~
폭력을 쓰는자는
반드시 폭력으로
그 대가를 치루지.

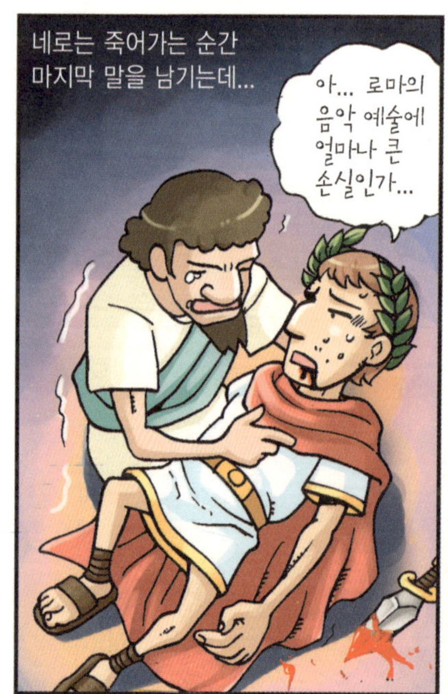

*유대전쟁: 유대인들의 내란과 소요는 로마정권의 골칫거리였다. 소요의 의미는 독립운동과 폭정에 대한 항거였다. 66년에 일어난 유대전쟁은 유대인들의 본거지인 예루살렘이 70년에 함락되었으며 이후

유대 병사들은 마사다로 이동하여 끝까지 항쟁하는데 74년 마사다가 함락되면서 유대전쟁이 끝났다.

네로 사후 전후의 혼탁했던 정세는 곧 사그라지고 로마는 아우구스투스가 이룩한 번영과 평화를 다시금 되찾게 되었어.

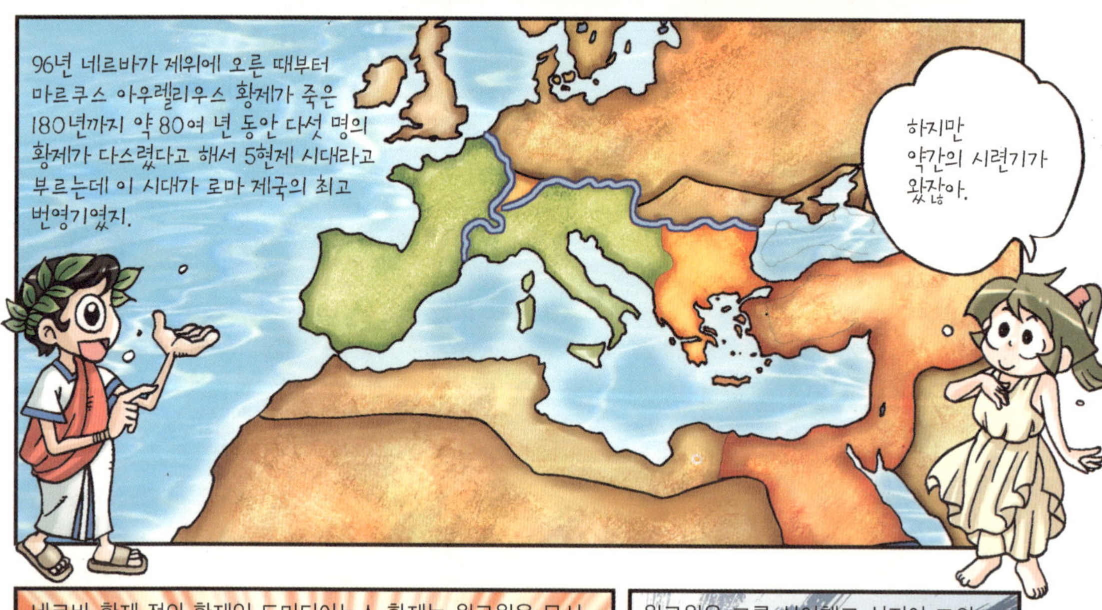
96년 네르바가 제위에 오른 때부터 마르쿠스 아우렐리우스 황제가 죽은 180년까지 약 80여 년 동안 다섯 명의 황제가 다스렸다고 해서 5현제 시대라고 부르는데 이 시대가 로마 제국의 최고 번영기였지.
하지만 약간의 시련기가 왔잖아.

네르바 황제 전의 황제인 도미티아누스 황제는 원로원을 무시하고 공포정치를 일삼으면서 많은 귀족을 죽였지.

원로원은 그를 싫어했고 심지어 그의 아내까지도 그를 싫어했어.

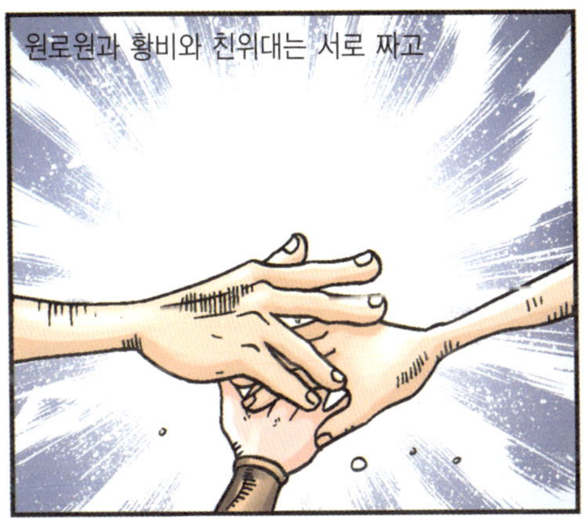
원로원과 황비와 친위대는 서로 짜고

자객을 보내 그를 암살하는데

황제의 대가 끊기자 원로원은 온건한 성품의 원로 귀족인 네르바 (재위 96~98년) 를 황제로 뽑았지.
66세의 늙은 나이로 황제가 됐어

황제가 된 네르바는 자식도 없었고 군대의 지지 세력도 없었는데
성실하고 유능한 군인을 양아들로......
충성

결국 트라야누스를 양아들로 삼아 그가 죽은 뒤 제위를 계승하게 했어.
척
양아버지를 잘 둔 덕분에 황제가 됐어.

이는 이후 5현제들이 양아들에게 제위를 물려주는 새로운 전통이 되었지.
5현제 시대를 양자 황제 시대 라고도 부른단다.

트라야누스(재위 98~117년)는 최초의 식민지 출신 황제로 에스파냐 사람이었지.
내 비록 속주출신의 황제이기는 하나 정복사업을 펼쳐서
제국의 영토를 최대한 넓혀 나가리...

유능한 군인 출신답게 한동안 중지되었던 정복 사업을
다시 시작했어.
와
와
정복하자! 멀고 먼 동방의 세계를!
와

최대의 업적은 파르티아 정벌이었는데
카스피해
지금의 이란 지역!
파르티아왕국
아라비아 해

이것으로 150년 전 크라수스가 파르티아원정에서 패하고 전사한 데 대한 보복이었고

동시에 카이사르가 암살 되기전 품었던
꿈을 이룬 것이기도 했지.

와
와아
와

아항~ 이래서 트라야누스 시대에 로마 제국은 역사상 최대의 영토를 이룩하는구나!!
SPQR
와
와

트라야누스의 뒤를 잇는 하드리아누스
(재위117~138년)는

트라야누스의 먼 친척으로 파르티아 원정에 동행했지.
삼촌?

평소에 그의 성실함을 눈여겨 본
트라야누스는

파르티아에서 돌아오던 길에 병에 걸려
죽게 되었는데
죽기 직전에
하드리아누스를
양아들로 삼았지.

황제에 오른 하드리아누스는 트라야누스의
정책을 계승하며 무난하게 이끌었지.

특히 그는 아주 서민적인 황제였는데

군대와 함께 있을 때면 그는 일반 병사들과도 잘 어울렸어.

하드리아누스는 정복 활동을 중단하고 로마 제국을 현재 상태로 유지하는데 온 힘을 쏟았는데
이제 더이상의 침략 전쟁은 무의미하다.
이 위대한 제국을 어떻게 꾸려 나가느냐가 더 중요하다!

원주민
하드리우스성벽
브리타니아

이 장성이 바로 유명한 영국의 하드리아누스 장성이야.
브리타니아에는 기다란 장성을 쌓고 원주민의 공격에 대해 경계만 열심히 했어.

하드리아누스의 뒤를 잇는 안토니누스 피우스(재위 138~161년)는

트라야누스나 하드리아누스는 둘 다 에스파냐 출신의 시골뜨기 였다면 안토니누스는 로마의 지체 높은 귀족 가문 출신이었어.

그는 젊은 시절 관리로 두각을 나타내다가 하도리아누스의 고문이 되어 큰 신임을 얻었지.
얼마나 믿었으면 양아들로 삼았을까?
아버지라고 부르렴
아부지…?

안토니누스는 집안도 좋고 부자였으면서도 근검절약을 실천한 황제였어.
이 토가도 이월 상품이라고!

그의 통치기간 동안에 로마에서는 아무런 일이 없었는데
그래서인지 황제로서 이룩한 업적 또한 없지.
그만큼 평온한 정치를 했다는 말이잖아.

맞아, 75세에 죽었을 때 원로원은 그에게 존경의 표시로 이름 뒤에 경건(피우스)이라는 말을 붙였다고 해.
오~ 안토니우스 피우스 여
편히 잠드소서
그의 진정한 업적은 죽은 뒤에 빛을 발하는데 바로 마르쿠스 아우렐리우스를 양아들로 삼은 것이야.
편히 잠드소서 아버지.

마르쿠스 아우렐리우스(재위 161~180년)는 후대의 역사가들이 로마 역사상 가장 훌륭한 황제로 꼽는 인물로
넘버 원!

마르쿠스는 안토니누스의 양아들이자 사위이기도 했는데
달링~
쪽
허니
양아들이 된 뒤에 그의 딸과 결혼했기 때문이야.

그는 공정하고 깨끗한 정치를 펼쳤으나
뭣이?
폐하! 파르티아가 또다시 위협을 하고 있다는 전갈이...

그의 시대에는 유달리 사회가 어지러웠어.
이번 기회에 아예 파르티아를 멸망시켜 버리자! 전쟁이다!

마르쿠스는 대규모 병력을 파르티아에 보냈지.

병사들은 전쟁에서 승리를 하고 돌아왔지만 곧 전혀 예상치 못한 것으로부터 반격을 받게 되었는데
이... 이럴수가...

원정을 갔다가 돌아오는 병사들이 몸에 페스트균을 옮겨와 로마에 퍼뜨린 것이야.
몸에 힘이 하나도 없어.

이 무서운 전염병은 삽시간에 로마를 덮쳐 수많은 시민들의 목숨을 앗아갔지.

엎친 데 덮친 격으로 북쪽에서는 게르만족이 침략하기 시작했고

이에 마르쿠스는 직접 군대를 이끌고 전쟁에 나섰다가
와아~
와
와

그만 전쟁터에서 병사하고 말았지

그는 전쟁터 막사에서 명상록 이라는 철학서를 집필했는데 후대의 역사가들이 최고의 황제로 평가하는 이유 중에 하나로 꼽지.
명상록

마르쿠스는 5현제중 유일하게 아들에게 황제자리를
물려줬는데
와아
마침내 황제의
아들이 제위에
올랐다~
와~

하지만 그의 아들인 콤모두스는 아버지가 하려 했던
모든 일을 중단하는데
왜냐고?
난 자유롭게
살고 싶으니까.

그가 말하는 자유는 바로 사치와 방탕의 생활이
었지.

그는 12년 동안 바람대로 자유롭게
살다가 친위대장에게 암살되었어.
한동안 뜸했던
황제 암살극이
다시 시작된거야.
크헉
푸욱

이제 로마의 평화는 저물어갔고

콤모두스를 시작으로

이후 로마의 황제들은 대부분 어리석거나
멍청하거나 똑똑하지 못했지.

235년부터 284년까지 50년 동안 26명의 황제가 자리에 앉는데 이들의 평균 재위기간은 2년도 채 안되었고, 그 대부분도 암살되었지.

이 시대를 군인 황제 시대라고 불렀는데

어떤 군인이 쿠데타로 황제에 즉위하면

황제 등극

쿠데타다!

옴마나

다른 군인이 쿠데타를 일으켜 황제를 죽이고 그 자리를 빼앗고

황제등극

쿠데타다!

또 그 황제는 또 다른 군인에게 쿠데타를 당함으로써 황제자리가 계속 바뀌었지.

이렇게 살았어요

마사다

마사다 요새

마사다는 이스라엘 남동부에 있는 고대의 산상 요새야. 70년 예루살렘이 함락되고 유대인들이 마지막으로 로마군을 상대로 싸웠던 곳이지. 배 모양의 이 산은 거대한 벼랑들로 둘러싸여 있었어. 어떤 학자들은 이곳에서 기원전 900년경부터 사람이 살기 시작했다고 해. 그런데 이곳이 유명해진 것은 로마군의 공격에 맞서서 저항한 그 사건 때문이야. 마사다 요새를 건설한 왕은 로마 제국의 지배를 받던 유대의 헤롯 대왕이야. 그는 요새에 화려한 궁전을 짓고, 물을 약 75만 리터나 저장할 수 있는 물 탱크에 수로를 연결했어. 헤롯이 죽고 나서 로마군이 잠시 차지했으나 유대교 분파인 '열심당'이 기습적으로 공격해서 점거하고 있던 곳이야.

세계사 상식

칼리굴라_난폭하고 변덕스러운 왕

로마의 왕중에서 가장 난폭하고 변덕스러운 왕을 꼽으라면 단연 칼리굴라를 얘기해. 그는 즉위 이후 몇 개월 동안 병을 앓고 나서 반역재판을 열어 잔인한 판결을 내리고 난폭한 행동을 일삼았어. 자신의 즉위를 도와준 근위대장 마크로를 처형하는가 하면 자신에게 제위를 빼앗긴 게멜루스도 없어버렸어. 또한 자기 누이 실라가 죽자 그녀를 신격화하기도 했지. 로마 역사상 여자를 신격화한 일은 없었어. 어떤 이들은 칼리굴라가 병을 앓고 난 뒤 미쳤다고 주장하기도 하는데, 아마도 간질 증세가 있었던 것 같아. 그때까지 모여있던 막대한 국고를 낭비하고 유명인사들의 재물을 강탈하고 영지를 몰수했어. 갈리아로 진출해 브리튼 침략의 첫발을 내딛는 순간에 군인들에게 조개껍질을 모으라는 이상한 명령을 내리기도 했어. 칼리굴라의 난폭함이 극에 달하자 팔라티누스 경기가 열리는 원형 경기장에서 여러 사람에 의해 죽임을 당했지. 그의 아내와 딸 역시 살해당하고 그의 삼촌인 클라우디우스가 황제가 되었어.

칼리굴라

꼭 기억해둘만한 인물

아그리피나

로마 황제 네로의 어머니로 아들이 왕이 된 초기에 상당한 영향력을 행사했어. 칼리굴라에 대한 반역음모에 가담한 혐의로 추방되었다가 다시 돌아왔어. 그녀는 첫 남편 아헤노바르부스와의 사이에서 네로를 낳았어. 두 번째 남편을 아그리피나가 독살했다는 소문도 있어. 그녀는 죽은 남편의 삼촌인 클라우디우스와 세 번째 결혼을 하고 그를 부추겨 친아들 대신 네로를 후계자로 삼게 했어. 몇 년 뒤 클라우디우스도 아그리피나가 독살했다고 전해지고 있어. 그 피를 물려받은 네로는 어머니가 결혼을 반대하자 그녀를 죽이기로 결심하고 밑이 새는 배에 태워 나폴리 만으로 보냈어. 하지만 그녀는 거기서 헤엄쳐 살아나왔지. 하지만 결국 영지의 저택에서 네로의 명령으로 살해되고 말았어.

아그리피나의 죽음

4. 로마의 타락과 외세의 침입
– 천년 제국의 종말

난
로마의 소작인
미로야
콜로누스라 하지.

노예해방
이후 새롭게
생긴
구성원이지.

하드리아누스 황제 이후 정복사업에서 손을 놓게 된 로마는
더 이상 정복사업으로 인한 이득을 얻지 못하게 되었는데

전쟁포로가 없으니
부릴 노예가 부족하게 되었지.

노동력이 부족해진
지주들은 새로운
제도를 생각하게
되었지.

노예를 해방시켜
그들에게 토지를 나누어
주고 그 땅에서 거둔
수확물의 일부를
소작료로 받는 제도가
좋겠어.

맞아 그러면
자기 땅이니
열심히 일을
할거야!

이리하여 로마의 농업은 대농장 제도에서 소작 제도로 전환됐지.
지주
대농장
노예
지주
소농장
소농장
수확물
콜로누스
콜로누스는 노예의 신분은 아니었지만 토지와 함께 지주에 예속되어 자유롭지 못한 계층이었지.
소작인들을 콜로누스라 하였는데!

대 바겐 세일
와 싸다!

기존의 자기 땅에서 농사를 짓던 자유농민들은
윙
경쟁이 안되는군
파리

견디지 못하고 토지를 지주에게 팔고 소작인이 되기에 이르렀는데
안되겠다! 땅을 팔아 소작인이 되는 편이 낫겠어.
아빠 배고파!
꼬르륵

이렇게 자유농민은 소작인으로 몰락하고
여기 땅문서.
자넨 오늘부터 콜로누스야!
지주들은 자유농민의 땅을 사들여 토지를 더욱 넓혀나가니...
몸집이 점점 커지는군!

결국 지주들은 엄청난 토지와 소작인을 거느리게 되었고

힘을 갖게 된 이들은 황제도 어쩌지 못하는 상황까지 오게 되었지.
황제면 다야? 이 동네에선 내가 황제다!

폐하 이번 징집자들의 인원이 절대적으로 부족합니다.

기존 자유 시민들이 소작인으로 전락하는 바람에...
그렇다면 소작인도 징집하면 되지 않느냐!

그...그게 소작인은 지주에게 토지와 함께 매여 있는지라...
쩝.. 나라가 어찌 되려고 군인이 될 만한 자들이 없다니...

이리하여 로마는 어쩔 수 없이 징병제도를 용병제도로 바꾸는 초강수를 두게 되는데
앞으로 군대는 돈을 받고 복무하는 용병제를 실시한다.

당시 로마의 북쪽 국경을 넘나들며 로마의 심기를 건드리던 이민족이 있었으니
바로 게르만족으로 이들은 카이사르 때부터 로마의 골칫거리였는데

쨍 쨍 우~ 쨍 쨍 우~ 우~

사치와 향락에 빠져 있던 로마인과는 달리 용맹스럽고
와아아~

사냥을 좋아하고 싸움을 잘하는 매우 거친 민족이었지.

로마는 이들을 용병으로 고용하여 국경의 수비를 맡겼지.
이러고 있으니까 꼭 로마사람 같지?
옷이 날개야!
강한 군대를 유지하기 위한 부득이한 선택이었어.

이제 로마의 국경은 게르만족의 세력 아래 들어갔지.

마르쿠스 아우렐리우스가 세상을 떠나자 200여 년 이어져 온 팍스로마나도 막을 내리는데

로마는 걷잡을 수 없는 혼란에 빠져 들었지.

193년에는 셉티미우스 세베루스가 속주출신으로 황제가 되는데
난 남아프리카 출신.

이를 계기로 속주의 힘 있는 지도자가 서로 황제자리를 빼앗고 빼앗기는 군인황제시대가 시작되었지.
황제 자리는 나한테 넘겨!

이런 혼란은 287년에 즉위한 디오클레티아누스 황제에 의해 진정되는데
그는 혼란에 빠진 로마를 바로 잡으려 무력으로 정책을 폈지.

칼과 주먹으로 썩은 로마를 바로 잡으리!
오리엔트식 전제 군주정을 수립했어.
에구 살벌해

한마디로 황제의 친권을 강화한 거구나.
눈물없는 피의 정책 이야!

이에 원로원과 시민이 반발하고 나섰지만

철혈 정책의 디오클레티아누스에 의해 원로원도 폐지딩하는네
입으로만 떠드는 원로원은 문닫앗!!
헉!

천 년 동안 내려온
로마의 원로원은 잠시
역사 속으로 사라지지.

디오클레티아누스 황제는 로마의 통치구역을 동과 서 둘로 나누고 자신과 함께 3명의 부황제로 하여금 네 지역으로 나누어 통치를 했는데
수십 개로 갈라진 제국을 하나로
합치려면 이 방법이 최선이야
부황제만 다스리면 되니까.

뒤를 이어 받은 콘스탄티누스황제(재위 306년~337년)는 로마 제국을 다시 하나로 통일하는데
이제 로마는
하나의 황제
하나의 종교
하나의 제국으로
재탄생할 것이다.

콘스탄티누스는 제국을 하나로 통일하면서 크리스트교를 로마의 정식종교로 받아들이지.
누구도 다른
종교와 크리스트교를
차별할 수 없다~!

또한 콘스탄티누스는 방대한 영토를 새롭게 다스리기 위해 수도 천도를 결심하는데
바로
비잔티움
으로!
수도를
이전한다고?

콘스탄티누스 황제는 새 수도를 그의 이름을 따서 콘스탄티노플이라고 지었어.
당시 로마영토의
정 중앙에
위치한
지금의 터키
이스탄불이었지.

하지만 콘스탄티누스의 노력에도 불구하고 약해진 로마 군대만으로는 더 이상 로마를 지켜 낼 수가 없었지.

발렌스 황제(재위 364년-378년)는 약해진 로마를 지키기 위해 야만족을 로마 영토 안으로 받아들이는데
로마를 지킬 방법이 진정 이 방법 뿐이란 말인가!

이를 계기로 게르만족은 서서히 로마 안으로 들어와 로마인들과 함께 살게 되었어.

그리고 테오도시우스 황제는 395년 죽기 직전에 로마 제국을 둘로 나누었는데
로마
콘스탄티노플
동로마
이렇게 동 로마 제국과 서 로마 제국으로 나뉜 로마는 서로 다른 역사의 길을 걷게 되지.

제국의 몰락은 뜻하지 않는 곳에서 시작되었는데

서기 410년 8월 로마 외곽

고트족 장군 아타울프가 이끄는 4만의 고트족 군대가 로마 성문 앞에서 진을 치고 로마를 포위 하고 있었지.

로마는 그야말로 무방비 상태로
로마의 운명은 알라리크 고트족 족장의 손에 달려 있었던거야.

로마는 이제 족장님 손에 달려 있습니다. 명령을 내리소서!

지금 이대로 로마를 공격하면 우리는 아무것도 얻지 못할 것이다.

이런 로마의 대재앙은 2년 전을 거슬러 올라가는데

로마의 군대는 여러 야만족과의 싸움으로 지쳐 가고 있었고 허약해진 상태였어.
이젠 지쳤어!

때마침 고트족은 훈족에 쫓겨 로마로 도망쳐 오는데

고트족은 제국을 떠도는 피난민 신세로 새로운 터전을 찾는데 필사적이었지.
부모 형제 자녀가 편히 쉴 수 있는 터전을 빨리 마련해야 해!

408년 8월. 고트족장 알라리크와 로마 총사령관 스틸리코는 서로의 이득을 위해 거래를 맺는데

고트족이 땅을 받는 대신 병사를 제국의 군대에 복무시킨다는 내용이었어.

로마인들과 함께 살던 야만족을 색출하여 닥치는 대로 살해하지.
야만족은 로마의 적이다!
아악!
악!

당시 황제였던 호노리우스황제는 야만족과 공모했다는 이유로 스틸리코를 죽이고

야만족에 대한 학살은 잔인하기에 그지없었는데
생존자들은 간신히 도망쳤고

고트족장 알라리크가 있던 노리쿰으로 모이게 되었지.

이에 고트족장은 라벤나에 있던 호노리우스황제를 위협하기 위해 로마로 진격하여

성을 에워싸는데
이때 황제는 라벤나에서 군대와 함께 있었기에 로마는 쉽게 포위 된 거야.

고트족이 바라는 것은 단하나 살아갈 수 있는 터전이었지만

자존심 강한 로마가 이를 들어줄 리가 없었지.
야만족과는 어떤 타협도 해서는 안 됩니다.

그들이
원하는 땅에서는
세금이 나옵니다!
그 세금을
거두지 못하면
제정이 어려워
지고

제정이 어려워지면
군대를 이끌 수 없어요!!
결국 로마는 망하게
됩니다!
로마를
어찌하란
말인가?

이런 대치상황은 극적인 타결을 보는 듯 하는데
고트족이
새로운 제안을
해 왔습니다.

고트족 족장은
이제 노리쿰 땅
하나만을
보장하라는
것이었지.
좋았어!
수용한다!!

노리쿰 땅은
쓸모없는 산들 뿐이니
로마는 아무런 영향을
받지 않는다.

이제 모두가 평화협정을 앞두게 되었어.

하지만 황제의 부하들 중에는 협정을 인정
못하는 이가 있었고
야만인과
타협을 하다니...
로마의 수치다!!

알라리크는 최종협상을 앞두고 선의의 뜻으로 로마로부터 철수를 하는데...

한편 라벤나 황궁
폐하의 의중을 이제야 알겠군요.

올림피우스 그게 무슨 말이지? 내가 뭘 어쨌다고?

지금 알라리크는 이겼다 생각하고 철수하는 중입니다.

이제 로마를 지킬 병력을 보내도 될 듯 합니다.
뭐라고?

그러면 협정을 깨는 것이 아닌가...
날 비겁한 황제로 볼거라고!

성공하면
우리의
승리입니다.
그게 의도
아니었
습니까?

마 맞아...
그..그게
의도였어...

그런데..
과연
성공할까...
그럼요
제가
장담합니다.
모두가
폐하의 절묘한
계획에
감탄할 것입니다.

로마 수비대를 보강하기 위해 6천명의
병사가 비밀리에 소집되었지.

하지만 이들의 지휘관은 군대를 이끌고
로마를
사수하자!

대로를 행군하는 실수를 범했어.
로마
병사닷!

북부 이탈리아 토스카나 알라리크의 진영

황제가 로마로
군대를 보냈다.
우릴
속였다~
황제는 우릴
배신했어.

그들의 목을
베어 오자.
와
와 아~
단 한 명도
남김없이.

호노리우스가 보낸 원군은 로마 땅을 밟아보지도 못했지.

알라리크의 처남 알타울프스에게
공격받았기 때문이야.

고트족 전사를 이끌고 나타난

로마 병사들 가운데 살아남은 자는 불과 100여 명이었어.

내가 묻고 또 묻지 않았느냐 6천이면 되느냐고?

그 정도면 충분할 줄 알았습니다.
알라리크에 발각될 줄은…

네 판단은 틀렸어! 애초에 네 말을 듣지 말았어야 했어!

409년 10월 로마
로마는 스스로의 운명을 결정할 때이오.
황제는 당신들을 버렸소!

우리와 협상과 약속을 이행할 황제를 새로 뽑으시오.

로마 원로원은 고트족이 정한 인물인 아탈루스를 새로운 황제로 인정했지.
이게 웬 떡이냐!

라벤나 황궁
누구 맘대로 황제를 바꿔!
로마의 황제는 나란 말이야!

폐하 좋은 생각이 있습니다 알라리크와 같은 수법을 쓰는 것입니다.
같은 수법이라니?

백성을 배불리 먹이지 못하는 황제는 백성이 따르지 않을 것입니다.

이 무렵 로마는 북아프리카에서 들어오는 곡물에 식량의 대부분을 의지하고 있었는데
황제는 그 공급 자체를 중지시켰던 거야!

몇 주 만에 로마는 다시 굶주리기 시작했어.

아탈루스의 인기는 급락했고 버려졌지.

로마거리는 무법천지가 되어버렸지.

알라리크는
마지막으로 황제에게
최후 통첩을 내렸어.

이에 황제 호노리우스는
나도 빨리
이 문제를 해결
하고 싶다고...

황제와 알라리크는 극적인 합의를 이끌어 냈지.
좋다! 이 곳
라벤나에서
만나자고 해라.

410년 8월 알라리크는 소수의 호위병만 거느린 채
최종협상을 마무리 짓기 위해 떠났어.

2년간의 충돌 끝에 드디어 고트족 족장과 로마
황제가 평화롭게 만나게 된 것이야.
와아~
살았다!
로마는
살았어!

하지만 이번에도 황제의 결정에 반하는 부하들이 생겼지.

야만인과 타협을
하다니...
있을 수 없는
일이야!!

결국 그들은 협상을 하기 위해 온 고트족 협상단을 기습 공격하는데

달마티아인으로 구성된 로마군은 비록 선타격을 했지만

수에서 고트족에 밀렸고, 결국은 수세에 몰리게 된 뒤

고트족 병사들에게 궤멸당하고 만다.

이에 고트족은 더이상 황제를 믿을 수 없음을 깨닫게 된다.

로마 황제가 또다시 우릴 속였다.
황제가 두 번이나 배신했어!!

410년 8월 고트족이 로마 성문에 도착한지 2년이 됐을 무렵 마침내 야만족의 군대가 로마 성문을 공격하기 시작했어.
와아아~
설에 의하면 로마시민의 일부가 성문을 열어 주었다고 해.
이를 어째!! 로마시민이 무슨 잘못이 있다고…!!
아마도 더 이상의 고통을 피해 보려는 의도였겠지.
비록 알라리크가 로마시민들에게 자비를 베풀기는 했어도 로마시가 폐허가 되는 것을 막을 수는 없었어.
전쟁의 패배에는 항상 죽음과 고통만이 남게 되지.

알라리크의 로마 공격은 로마 제국의 종말은 아니었지만 몰락의 시작이었다고 해도 과언이 아니야
부족을 위해 안전한 새 터전을 만들지 못했어.
우리가 원했던 건 이런 것이 아니야!

호노리우스 황제는 이후 로마의 몰락에 한 원인을 제공했다는 평가를 받게 되지.
이게 다 부하를 잘못 둔 죄야!

나약한 황제, 배신과 탐욕에 눈이 먼 관리, 사치와 향락, 배고픔과 괴로움에 찌든 사람들, 이 모든 것이 제국을 무너뜨린 원인으로 작용한 거지.

서기 476년 게르만족의 용병대장 오도아케르에 의해 로마가 점령당하면서

결국 서로마 제국은 멸망하고 말았지.

고대 로마... 역사상 그 유래를 찾기 힘들정도로 위대함에서 감히 대적할 자가 없는 초강대국이었지.

그들은 막강한 군대로 문명세계를 지배했어.

로몰루스에 의해 세워진 로마는 장장 1200년간 존재하면서 그 위엄을 보여주었지. 사람들은 한때 로마제국이 영원할 것이라고 믿었어.

하지만

이제 그 제국도 흐르는 역사의 뒤안길에서 쓸쓸히 사라져 갔어.

세계사 상식

로마의 음식

로마의 부자들은 음식을 많이 먹기로 유명했어. 너무 많이 먹어서 속이 좋지 않으면 '토하는 방'에서 음식을 게워내고 다시 음식을 먹었지. 막시미아누스 황제(재위 286~305) 는 하루에 쇠고기 20kg을 먹었다고 알려지고 있어. 100년 묵은 포도주에 야생 구렁이를 즐겨 먹었고, 쥐를 가둬놓고 먹이를 잔뜩 먹여서 뱃속에 재료를 넣어 요리했다고 해. 썩은 물고기 내장에서 흘러나온 즙을 먹는가 하면 타조 몇 백 마리를 잡아서 뇌수를 접대하는 풍경도 흔했어. 그러나 부자들이 먹고 마시고 토하는 동안, 보통 시민들이 먹을 수 있는 음식은 빵과 과일, 달걀과 생선 뿐이었어.

꼭 기억해둘만한 인물

알라리크

서고트족의 족장으로 로마를 공격하여하여 서로마 제국을 몰락시켰어. 귀족 출신인 그는 한동안 로마군의 고트족 부대를 지휘했지만 황제 테오도시우스 1세가 죽은 직후 군대를 떠나 서고트족의 족장으로 선출되었어. 그는 약속받은 보상금을 받지 못했다는 이유를 들어 콘스탄티노플을 향해 진군했어. 로마군에 막히자 그는 방향을 돌려 그리스를 약탈하고 401년에는 이탈리아를 침공했어. 여기서 스틸리코 장군에게 패배하여 철수했고, 두 번째 침공도 실패하지만 막대한 보상금을 지급받았어. 408년 스틸리코를 살해하고 로마에서 정권을 잡은 정파가 로마군에 복무하는 이민족 부족의 처자식을 학살하자 이민족 병사들이 달아나 알라리크에게 몰려들어 그의 군사력이 커지기 시작했어. 그는 세 번에 걸쳐 로마

알라리크

를 포위 공격하고 큰 보상금을 받다가 800여 년 동안 이민족에게 점령당한 적이 없던 로마로 들어가 약탈을 감행했어. 하지만 그는 주민들에게 온정을 베풀었고 단지 몇 채의 건물만 불태웠을 뿐이야. 아프리카로 행군하던 도중 물에 휩쓸려서 죽었어. 그는 죽음 직전까지 부족민에게 안전한 땅을 찾아주지 못해서 괴로워했다고 알려졌어.

하지만 동방에선 다른 형태로 제국은 계속 되고 있었으니
그 생명의 불꽃은 찬란한 빛을 내며 타오르고 있었지.

부록

연표로 보는 로마사

기원전(B.C.)

1000경　이탈리아 철기 빌라노바 문화시대, 에트루리아인, 이탈리아 반도에 정착. 인도 · 유럽어족의 라틴인, 라티움 지역에 거주.

753　《아이아네스》에서 언급한 로마시가 창건된 해.

509　최초의 집정관 타르퀴니우스 일파 왕정 폐지, 공화정 수립.

494　성산사건, 호민관직 창설.

471　평민회 창설.

450　12표법 제정.

396　베이이 점령.

367　리키니우스 – 섹스티우스법(法) 제정.

343　삼니움 전쟁(~291).

340　라틴 전쟁(~338).

287　호르텐시우스법 성립.

264　제1차포에니전쟁(~241).

238　시칠리아, 사르데냐, 코르시카가 속주로 됨.

218　제2차포에니전쟁(~201), 칸나에 전투(~216).

202　로마의 집정관 스키피오가 한니발을 자마 전투에서 격파.

201　카르타고 강화조약 체결, 카르타고는 해외영토 상실, 거액의 배상금 지불.

200　제1차 마케도니아 전쟁.

189　셀레우코스 왕국, 로마의 영토로 병합.

168　제2차 마케도니아 전쟁.

149　제3차포에니전쟁(~146) 제3차 마케도니아 전쟁 발발.

146　카르타고 및 코린토스의 파괴, 마케도니아 로마의 속주가 됨.

135　시칠리아섬의 노예반란(~132).

133　테베리우스 그라쿠스 호민관이 됨. 누만티아 함락하고, 에스파냐 전쟁 끝남.

132　티베리우스 그라쿠스의 농지개혁, 원로원 벌족파에 의해 암살당함.

123　가이우스 그라쿠스, 호민관 취임(~122).

111　토지법 공포로 공유지 소유면적 제한이 철폐되고 대토지 소유제 확대됨.

107　마리우스, 집정관에 선출됨. 군사개혁 단행, 반도의 자유민에게

로마 시민권 부여.

100 마리우스 여섯번째의 콘술이 됨. 퇴역병에게 토지 분배.

91 동맹시 전쟁(~88), 이탈리아의 자유인에게 로마 시민권 부여.

88 원로원과 술라가 결탁, 마리우스 추방, 미트리다테스 전쟁(~63).

83 술라가 로마에서 독재정치 시행.

73 스파르타쿠스의 봉기(~71).

71 크라수스가 스파르타쿠스 반란 진압.

70 폼페이우스, 크라수스, 집정관직 선출.

64 폼페이우스 시리아 정복.

63 폼페이우스의 유대 평정.

60 제1차삼두정치(폼페이우스, 카이사르, 크라수스).

59 카이사르, 집정관 선출됨.

58 카이사르, 갈리아 정복(~50).

52 크라수스 전사. 카이사르와 폼페이우스 사이에 내란 발생.

48 카이사르, 파르살루스에서 폼페이우스의 군대 격퇴. 폼페이우스, 이집트에서 암살당함. 카이사르, 독재관이 됨(~44).

44 브루투스와 카시우스, 카이사르 암살.

43 안토니우스, 레피두스, 옥타비아누스의 제2차 삼두정치(~33).

42 안토니우스, 필리페 전투에서 브루투스와 카시우스 군대에 승리. 옥타비아누스, 안토니우스, 레피두스 로마 세계 분할 지배.

31 옥타비아누스, 악티움 해전에서 안토니우스 격파.

30 안토니우스, 클레오파트라 자살. 프톨레마이오스 왕조의 이집트 멸망.

27 옥타비아누스, 아우구스투스의 칭호를 받음. 원수정 세제의 창시.

서기(A.D.)

9 아우구스투스, 게르마니아의 반란 진압 실패.

14 티베리우스 즉위. 율리우스 클라우디우스가(~68)의 황제(티베리우스,

가이우스, 클라우디우스 1세, 네로) 세습.

37 폭군 칼리굴라 즉위.

41 클라우디우스 즉위.

54 네로 즉위.

60 바울, 로마에서 전도 활동.

64 로마시 대화재 발생. 화재의 주범으로 크리스트교 박해.

66 유대전쟁(~70).

69 베스파시아누스 즉위, 플라비우스가(~96)의 황제(베스파시아누스, 티투스, 도미티아누스) 세습. 속주민들도 입회한 원로원으로 재구성. 황제권 확립.

79 전제정치로 암살당한 티투스 즉위. 베수비오 화산 분화, 폼페이 매몰.

81 도미티아누스 즉위. 브리타니아와 데쿠마트 정벌. 유대인 반란 진압 및 예루살렘 파괴.

96 원로원 의원 네르바 즉위 팍스로마나 시대 시작. 오현제 시대(~180).

98 트라야누스 즉위. 다키아 점령 등 정복, 병합 정책. 대규모 공사 시행.

101 트라야누스의 파르티아 원정(~106).

115 속주 출신의 하드리아누스 즉위. 국토를 유지하는 평화 정책 펼침. 동방지역 정복을 포기하고 국경선 강화.

117 역사상 최대의 영토를 갖게 됨.

138 귀족가문 출신의 안토니누스 피우스 즉위.

161 마르쿠스 아우렐리우스 즉위. 양자계승의 관습을 따르지 않고, 아들을 황제로 임명. 오현제 시대 끝남.

180 콤모투스 즉위. 잔인한 폭군으로 192년 암살당함.

193 셉티미우스 세베루스가 군대의 지지로 황제에 즉위. 세베루스왕조(~235)의 황제(셉티미우스 세베루스, 카라칼라, 게타, 마크리누스, 엘라 가발루스, 세베루스 알렉산드르) 세습.

211 세베루스의 아들 카라칼라가 즉위. 제국의 전 주민에게 시민권 인정.

218 엘라 가발루스 즉위.

231 세베루스 알렉산드르 즉위. 황제의 전제 정치가 극에 달함.

235 군인황제시대(~284) 시작.

270 아우렐리아누스 즉위. 갈리아와 팔미라 제국을 멸망시켜 로마의 질서 재건.

284 디오클레티아누스 즉위, 전제군주정치 시작.

293 4분령 통치체제(제국을 넷으로 나누어 통치) 시작. 막시미아누스를 서방지역을 통치하는 아우구스투스로 임명.

301 디오클레티아누스, 최고가격령 선포. 토지대장 작성과 정기적인 개정 시행으로 세금 징수 증대.

303 전통종교의 부흥을 꾀하고, 크리스트교도들에 대한 대박해 추진.

305 디오클레티아누스, 막시미아누스 퇴위.

306 콘스탄티누스 1세(대제) 즉위(~337)

312 콘스탄티누스, 막센티우스를 격파.

313 밀라노칙령으로 종교의 자유 인정.

325 니케아 종교의회

330 콘스탄티누스, 로마의 수도를 비잔티움으로 옮기고 콘스탄티노플이라 부름.

361 율리아누스 즉위, 이교부흥을 꾀함.

364 발레스 즉위, 게르만족을 로마 영토 안으로 받아들임

375경 게르만민족 대이동 개시

378 아드리아노플의 싸움

392 테오도시우스 1세, 크리스트교를 국교로 함.

394 테오도시우스 1세, 제국의 통일을 실현.

395 테오도시우스 1세의 죽음, 제국 동서로 분열

410 로마, 고트족 알라리크에 의해 점령당함.

429 《테오도시우스법전》 편찬 시작(~438).

451 카탈라우눔 전투

452 아틸라, 이탈리아로 침입

455 반달의 게이세리쿠스, 로마 점령

476 게르만의 용병대장 오도아케르, 서로마제국을 멸망시킴

만화로 읽는

세계제국 로마사

–팔라티노 언덕의 나라 유럽의 중심에 서다

초판 1쇄 | 2014년10월 25일

글 그림 | 김희석

편　집 | 김재범

디 자 인 | 김남영

마 케 팅 | 서장원

펴 낸 이 | 강완구

펴 낸 곳 | 써네스트

출판등록 | 2005년 7월 13일 제313-2005-000149호

주　소 | 서울시 마포구 양화로 156, 925호

전　화 | 02-332-9384　　**팩　스** | 0303-0006-9384

이메일 | sunestbooks@yahoo.co.kr

ISBN 978-89-91958-92-0 (07920)　값 15,000원

홈페이지 | www.sunest.co.kr

이 도서의 국립중앙도서관 출판시도서목록(CIP)은 서지정보유통지원시스템 홈페이지(http://seoji.nl.go.kr)와 국가자료공동목록시스템(http://www.nl.go.kr/kolisnet)에서 이용하실 수 있습니다. (CIP제어번호 : CIP2014029359)